いちばん親切な
着物の
The easiest Kimono Manual
教科書

着物姿を素敵に！　ＴＰＯ別スタイル

着物の髪型

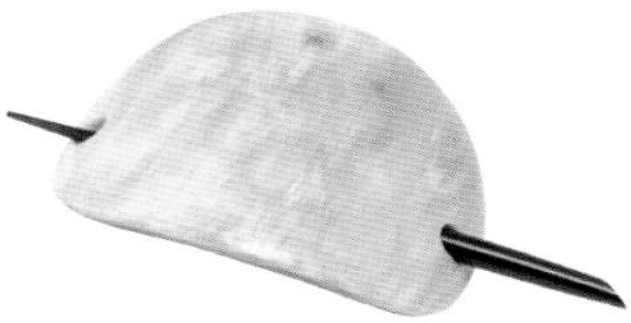

世界文化社

How to make up >>> p.125

アシンメトリーなカールシニヨンで
レストランのオープンパーティーへ

女子会には360度異なる表情で
ハイセンスなスタイルを

How to make up >>> p.125

How to make up >>> p.126

重厚感のある留袖の髪型は
ボリューム必須

ローウエイトシニヨンで
大人のフォーマルスタイルに

How to make up >>> p.126

How to make up >>> p.127

崩した編み込みで ふんわりボブ

後れ毛を生かした
軽やかな夏スタイル

How to make up >>> p.127

和装の種類と格

和装にはフォーマルからカジュアルまで種類と格があり、それぞれに相性のいい髪型があります。それをベースに「どのような雰囲気になりたいか」で髪型を決めるといいでしょう。

正装

礼装〜略礼装

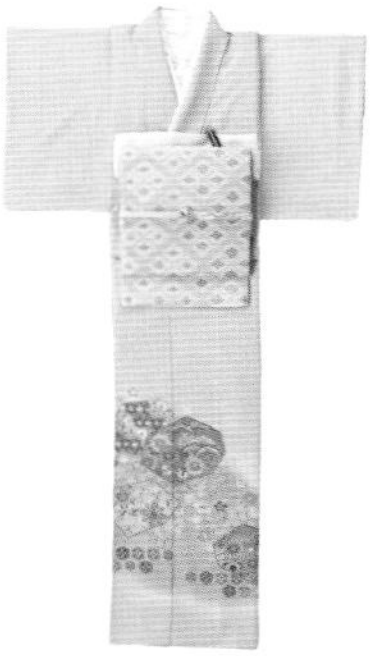

色留袖

五つ紋は黒留袖と同格に。現在では礼装としてだけではなく、友人の結婚式やパーティーなど着ていかれる場所を増やすため、一つ紋の略礼装にすることが多いようです。

礼装

振袖

未婚女性の正装。成人式から友人の結婚式、結納、結婚式と着られます。現在では既婚女性でも、パーティーでドレスのように着る場合も。ボリュームのある華やかな髪型が合います。

黒留袖

必ず五つ紋を入れるもっとも格の高い正装。裾周りに柄があり、帯も金糸銀糸を用いた袋帯を合わせるため、髪型もコンパクトに作りすぎず、品格あるスタイルにします。

カジュアル

よそゆき・お洒落・遊び着

御召

光沢感のある織りの着物で、無地や細縞のものはよそゆき着として着ることができます。モダンな印象の御召は、髪型もスッキリとモダンに仕上げたほうが似合う場合が多いでしょう。

小紋

ワンピースと同様に、古典柄の総柄やぼかし染めなど柄によっては、格上の帯を合わせてカジュアルなパーティーなどに着ていくことも。カジュアルに装う場合は髪型はボリュームを控えめにするといいでしょう。

略礼装～よそゆき

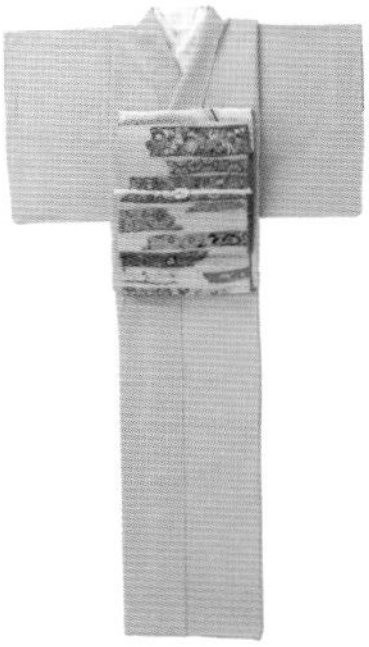

江戸小紋

柄によっては紋を入れて礼装として着られます。色無地と同じく無地なので、髪型をコンパクトにまとめすぎるとさびしい印象にもなりがちに。お洒落着として着るなら自由に髪型も楽しみましょう。

準礼装～よそゆき

付け下げ

柄の入り方によって格が変わり、付け下げ訪問着であれば訪問着に準じ、付け下げ小紋はお洒落着となります。着ていく場面に応じて髪型を自由に楽しんでみましょう。

準礼装

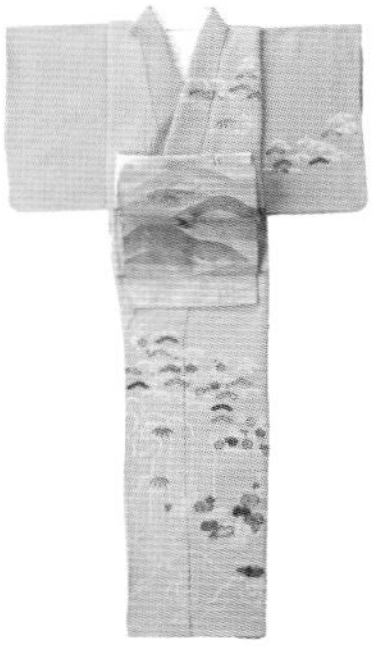

訪問着

現在では紋を入れないのが一般的。親族や友人の結婚式からパーティーまで幅広い場面で着られます。着ていく場面に合わせて髪型のボリュームを調整して華やかにスタイリングするといいでしょう。

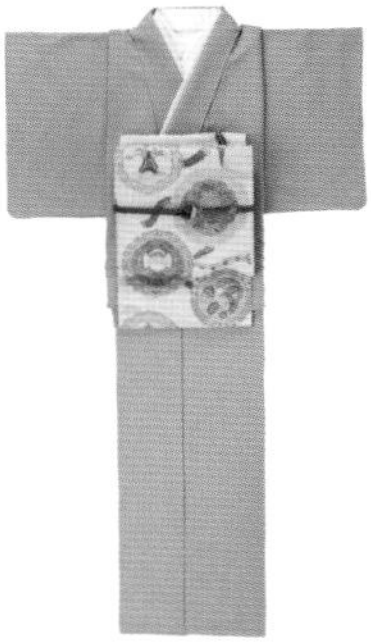

色無地

五つ紋なら礼装に。三つ紋、一つ紋であれば準・略礼装として、無紋はおしゃれ着として着ることもできます。地紋によっては喪服になります。無地なので髪型がさびしくなりすぎないようにします。

普段着

浴衣

素足に下駄、半幅帯が定番の浴衣ですが、半衿をつけて名古屋帯を締め、足袋に草履を履く着物風のスタイルも楽しめます。髪型も夏らしく涼やかに、自由にスタイリングを楽しんでみましょう。

木綿

盛夏をのぞいて一年中着られる裏地のない単衣仕立ての木綿。改まった場面では着られませんが、素足に下駄で浴衣のように装うことができます。髪型も自由にスタイリングを楽しんでみましょう。

紬

本来普段着の位置づけですが、現在では無地感の強いものや後染めの紬は背中に洒落紋を入れ、格上の帯を合わせてカジュアルパーティーなどで着ることができます。御召同様スッキリとモダンな髪型がおすすめです。

目次

和装の種類と格……8
着物の日の髪型を決める3step……12

PART 1

シーンに応じて髪型チェンジ
おでかけの日の髪型 13
華やかに見せたい日……14
スタイリッシュに見せたい日……22
落ち着いた雰囲気に見せたい日……28
年齢別 着物メイクのポイント①……36

PART 2

セルフアレンジもできる
カジュアルな日の髪型 37
どんなシーンにも万能スタイル
基本の夜会巻き……52
ボブ＆ショートのカジュアルスタイル……54
衿足が結べる長さがあればできる
ボブヘアのアップスタイル……60
時短・簡単
ウイッグアレンジ……62
巻く・ワックス・ブラッシング
セルフアレンジを成功させるための3つの下準備……64
セルフヘアセットお悩み Q&A……66

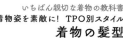

PART 3

シックに見せたい

フォーマルな日の髪型 67

モダンシック・フォーマル……68

レトロシック・フォーマル……76

大人シック・フォーマル……84

カジュアルシック・フォーマル……92

年齢別 着物メイクのポイント②……100

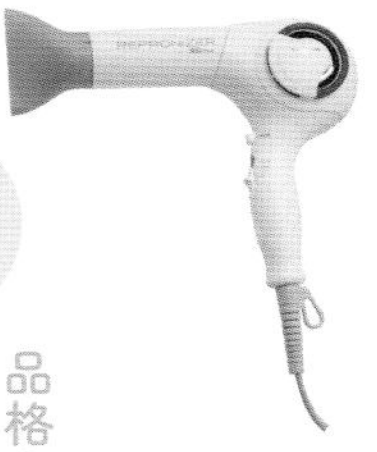

PART 4

品格と清潔感が大切

茶会の日の髪型 101

PART 5

成人式から大人のパーティーまで

振袖の日の髪型 107

PART 6

涼やかに軽やかに季節を彩る

夏の日の髪型 113

巻頭ページのプロセス……125

着物の日の髪型を決める 3step

和装の雰囲気を決めるのは
髪型といっても過言ではありません。
「着ていく場所」と
「着ていく着物」が決まったら、
どんな雰囲気になりたいかを
イメージしてみましょう。

step 1 どこへ行くか

考え方は洋装と同じ。正装でも、結婚式など儀式で着る礼装であれば髪型もきちんとしたスタイルが求められ、パーティーなど華やかに着飾る正装であれば、ダウンスタイルなどお洒落感を重視した髪型をすることもできます。

一方ちょっとしたおでかけや普段着として着物を着る場合は、髪型を盛りすぎてしまうと大げさな雰囲気に。例えて言えばTシャツにジーンズなのに髪型だけきちんと結い上げているイメージです。

フォーマルシーンでは、会場が広く天井が高ければ髪型もボリュームや高さがある方が見栄えがします。このように会場の規模も髪型選びのヒントに。

カジュアルシーンではコンパクトでシンプルなのにひと手間かかっている。そんな髪型が注目を集めます。比較的ボリュームを下に持ってくると大人っぽい雰囲気に。

step 2 何を着るか

正装かお洒落着か普段着かによってボリュームを変えるといいでしょう。例えば裾周りにだけ模様のある留袖の場合は、髪型にボリュームを持たせることで全体のバランスが良くなります。また全体に豪華な柄がある訪問着や、同じ総柄でもお洒落着として着る小紋の場合は、着ていく場所に応じて髪型のボリュームをイメージしてみるといいでしょう。

同じお洒落着でも無地感の強い御召や紬にはタイトな髪型が相性いいでしょう。

step 3 どんな雰囲気になりたいか

基本的な考え方としては、大人っぽくしたいならボリュームは下に、可愛らしさを出したいなら上に持ってきます。華やかさを出したいならボリュームはたっぷりと作り、逆にカジュアルな雰囲気にしたいのであればなるべくコンパクトにまとめるといいでしょう。

全体にボリュームを出すよりも、タイトにまとめるところとボリュームを出すところのメリハリを作るほうが、より今らしい雰囲気に仕上がります。

高い位置にボリュームを出し、デコラティブに仕上げるスタイルは、パーティーなど華やかな席におすすめです。この場合はとくに衿足やもみあげなど後れ毛に気をつけるといいでしょう。

艶やかな表面と下方にボリュームを持ってきたスタイルは、式典など華美になりすぎず落ち着いた雰囲気でフォーマル感を出したいときにおすすめのスタイル。

PART 1

シーンに応じて髪型チェンジ
おでかけの日の髪型

ちょっとしたパーティーから同窓会やレストランでのランチなど、
洋装で例えるとワンピースやジャケットスタイルでおでかけする日の髪型は
「なりたい雰囲気」で決めるといいでしょう。
ここでは「華やかに見せたい日」「スタイリッシュに見せたい日」
「落ち着いた雰囲気に見せたい日」の３つの雰囲気で髪型をご紹介します。

華やかに見せたい日

友人の結婚式の二次会やレストランのオープニングパーティーなど、フォーマル感を出しつつも華やかに見せたい日の髪型は、毛流れで動きをつけるなど、面の美しさにこだわるのもおすすめです。

モデル／柏木淳湖　担当／EMBELLIR

arrange 1

下準備のカールを生かして シニヨンに

下準備で巻いたカールを生かしたシニヨンスタイル。毛束を5つに分けたら、それぞれにワックスをつけて、しっかりと束感をつけるのがポイントです。

フォーマル度
★★★★☆

SIDE

前髪は流したい方向に流しておく。トップを取り分け、バックは2つに分けて、それぞれサイドと一緒にやや低めの位置でひとつに結ぶ。結んだ毛先をさらに2つに分ける。

※写真はわかりやすいようにトップの毛束を上げています。

START

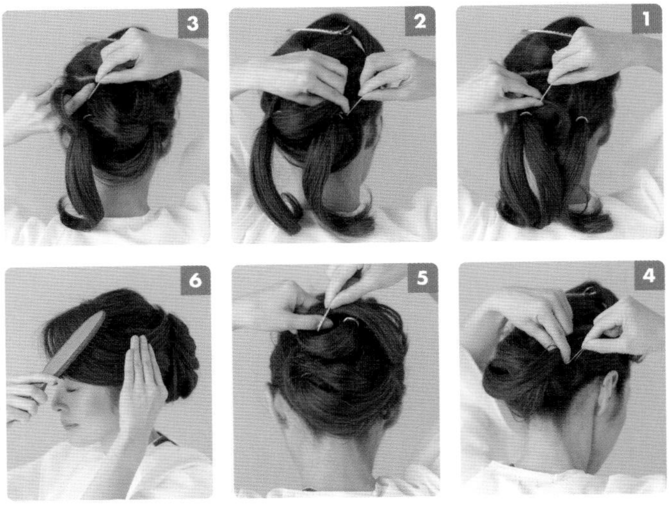

1 右側の毛束の1本を下から左側の結び目に巻きつけてピンでとめる。毛先は自然なカーブを生かす。

2 左側の毛束の1本を上から右側の結び目に巻きつけて、ピンでとめる。

3 右側の残りの1束を左側の結び目のやや上で、毛先を外してピンでとめる。

4 左側の残りの1束を、右側の結び目付近の下で毛先を外してピンでとめる。

5 トップの毛束を下から上に一回転させ、ゴムを隠しながら何ヶ所かピンでとめる。他の毛束と同様に毛先は外して自然なカーブを生かす。

6 巻いておいた前髪を流したい方向にブラシで整えながら、後方へ流し、毛先をバックに合わせてピンでとめる。仕上げにハードスプレーでかためる。

モデル／柏木淳湖　担当／EMBELLIR

arrange 2

ポニーテールをすき毛に かぶせて簡単シニヨン

簡単にボリュームを出せるアイテムのすき毛を使うときは、ていねいに形作るのがポイントに。ネットをかぶせると扱いやすくなります。

フォーマル度
★★★☆☆

FRONT

START

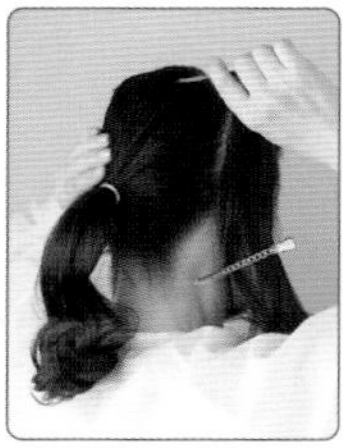

START 両サイドを残して低めの位置でポニーテールに結ぶ。コームの柄でトップの毛束のボリュームを出す。

1 両サイドの毛束をそれぞれツイストにしてポニーテールに合わせてピンでとめる。すべての毛束を上に上げてピンでとめ、形を整えたすき毛をのせる。

2 すき毛に毛束をかぶせ下ろす。ていねいにブラッシングしながらすき毛に沿わせ、毛先はすき毛の内側に隠してピンでとめる。

---

arrange 3

3つの毛束を丸めた ニュアンスシニヨン

毛束をクルクルと丸めて散らすだけの簡単スタイル。下準備でしっかりとカールをつけておきます。前髪はスッキリタイトにまとめます。

フォーマル度
★★☆☆☆

FRONT

START トップと両サイドを残して、バックを3等分にし、それぞれ低めの位置でポニーテールにする。3つの結び目の上にすき毛をのせる。

1 トップを斜めに2つに分けて、片側ずつサイドと一緒にねじりながら真ん中のポニーテールの結び目に合わせてピンでとめる。

2 両サイドのポニーテールの毛先を下から巻き、結び目にピンでとめる。真ん中のポニーテールはねじり合わせたトップとサイドの毛束も一緒に丸める。

3 丸めた毛束をところどころ引き出してニュアンスをつける。

START

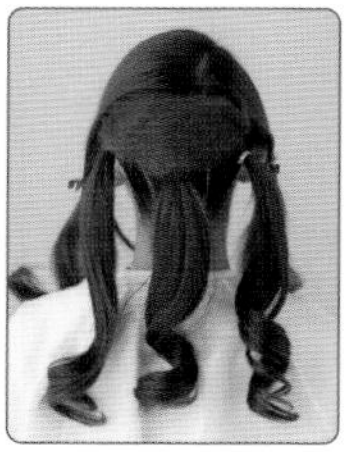

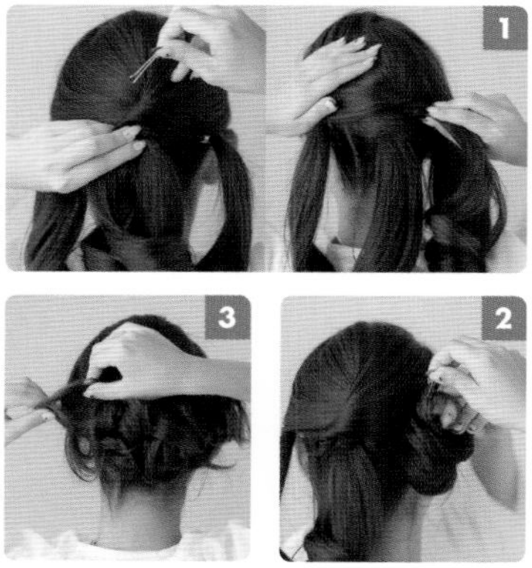

上＝モデル／吉田百合香　下＝モデル／本田麻里絵　共に担当／EMBELLIR

フォーマル度
★★★★☆

arrange **4**

手ぐしで仕上げる ルーズアップ

バックを抱き合わせでまとめることで丸みのあるシルエットに。縦ラインを強調したいときは、夜会巻きでまとめます。

START 中央の毛束を丸めてピンでとめて根を作り、その周りにすき毛をのせる。

1 バックを抱き合わせでまとめる。

2 サイドの毛束はそれぞれツイストしながら根に合わせてピンでとめる。すき毛を隠すように、サイドとバックの毛先を丸めてところどころピンでとめる。

3 トップの毛束は逆毛を立てず、下準備のカールを生かしながら手ぐしでざっくりとまとめて形を整え、ところどころピンでとめる。

 モデル／落合沙織　担当／EMBELLIR

arrange 5

ツイストで作る
華やかポニーテール

高さを変えて2つ作ったポニーテールに、ツイストした毛束を合わせるだけでいつものポニーテールが華やかなスタイルに。

フォーマル度
★☆☆☆☆

サイドとフロントを残し、残りを2つに分ける。それぞれ高さを変えて、ポニーテールに結ぶ。

START

1

2

1 サイド、トップ、フロントの順に軽くねじりながら上の位置で作ったポニーテールの結び目に合わせてピンでとめる。
2 1のポニーテールは根元をきつめにねじり、毛束を引き出してボリュームを出しながら下のポニーテールの結び目の上でピンでとめる。

BACK

SIDE

モデル／黒澤美早希　担当／EMBELLIR

arrange 6

ハイトップでまとめて若々しい印象に

正面からもシニヨンが見えるよう形作るのがポイントです。低めにシニヨンを作れば落ち着いた印象にも仕上がります。

フォーマル度
★★☆☆☆

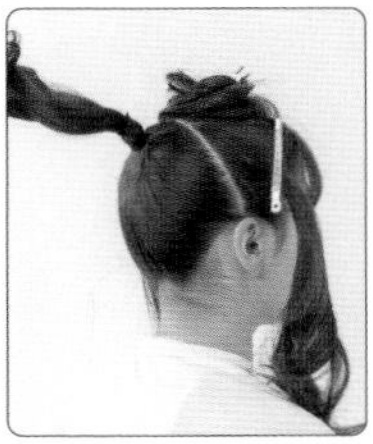

START
ハチ周りでブロッキングして、バックは高い位置でポニーテールにして根を作る。

2

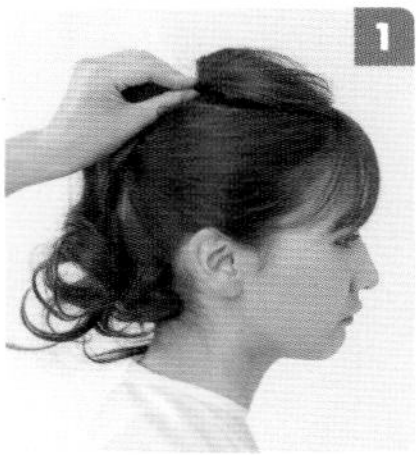

1

SIDE

BACK

1 両サイドはそれぞれツイストしながらバックの根に合わせてピンでとめる。フロントは高さとふくらみを持たせながら根に合わせてピンでとめる。
2 根の下に大きなすき毛をのせて、すべての毛束をかぶせ下ろしてシニヨンを作る。

arrange 7

編み込みで作るデコラティブな毛流れ

難しい毛流れも、編み込みをすることで、簡単にきれいに作ることができます。きっちり編み込まずルーズにふんわりと編み込みます。

フォーマル度
★☆☆☆☆

FRONT

START 分け目をジグザグにし、全体を縦に2つにブロッキングします。
1 片側ずつトップから少しずつ下の毛束をすくい取ってねじる。ところどころ毛束を引き出してボリュームを出す。毛先は輪になるよう結ぶ。
2 片側ずつ逆サイドに折り返してピンでとめ、さらに折り返し、毛先を隠してピンでとめる。

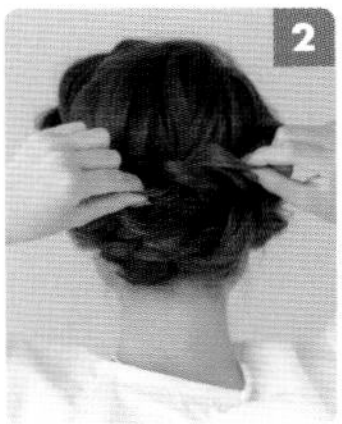

2

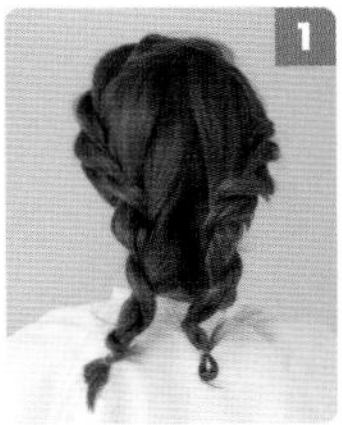

1

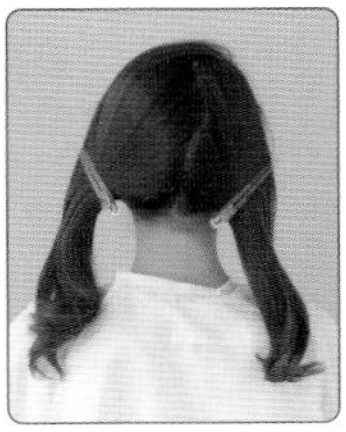

START

上＝モデル／神田菜々美　担当／山﨑伊久江美容室　下＝モデル／兼島彩香　担当／EMBELLIR

arrange **8**

少量ずつすくい上げたナチュラルツイスト

根に向かってサイドとバックの毛束を少しずつすくい上げてねじってまとめたナチュラルなスタイル。後れ毛がアクセントに。

フォーマル度
★☆☆☆☆

SIDE

FRONT

START

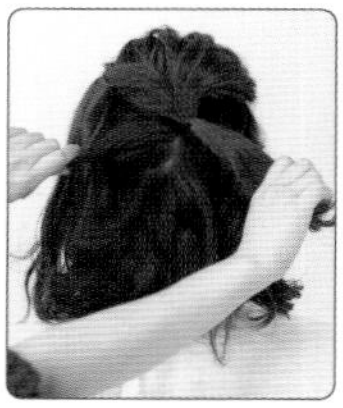

中央に根を作る。トップの毛束をねじりながらところどころ毛束を引き出してバックに運び、ひと結びする。

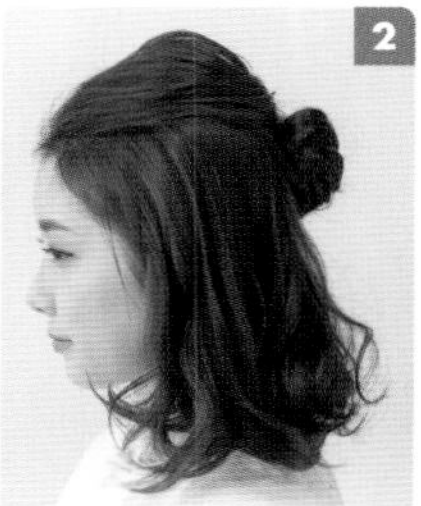

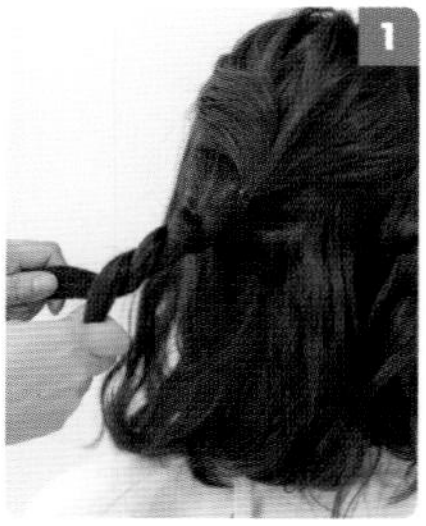

1 トップと根の毛束をねじる。
2 ねじった毛束をゴールデンポイントで丸めてシニヨンにし、ピンでとめる。
3 両サイドとバックの毛束を少量ずつ下からすくい上げてツイストし、根に合わせてピンでとめる。

arrange 9

崩しテクで デコラティブな面を作る

美しい毛流れを作るなど、デコラティブな面作りは難しそうですが、一度きれいに作ってから崩すと上手に仕上げることができます。

フォーマル度
★★★★☆

1

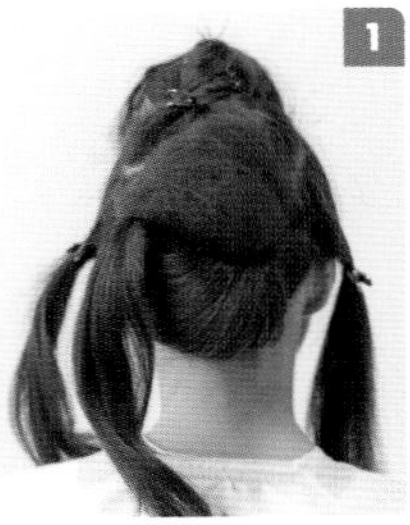

START

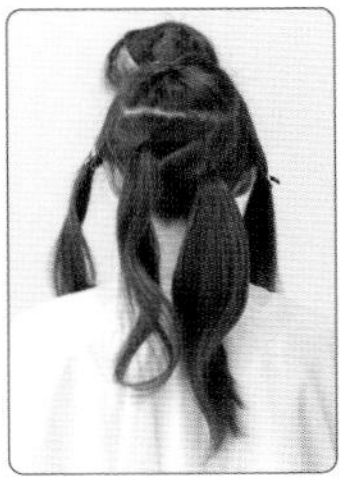

3

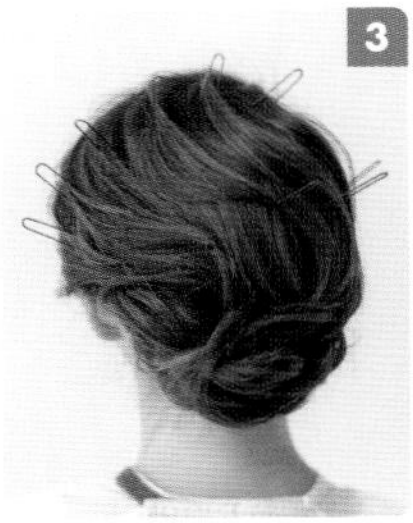

2

START バックを2つに分けて、高さを変えてポニーテールにして根を作る。

1 下の根の毛束ですき毛を巻きつけて髷を作る。上の根の上にすき毛をのせる。

2 トップに逆毛を立ててバックに運び、上の根の毛束と合わせてツイストしながら髷に沿わせ、毛先は髷の下でピンでとめる。

3 両サイドはツイストして毛束を引き出して髷に沿わせてピンでとめる。フロントは逆毛を立てて一度きれいにバックに運んでから、オニピンで細やかな毛流れを作る。

※あえてピンを見せています。

BACK

FRONT

担当／EMBELLIR

スタイリッシュに見せたい日

同窓会や女子会など、思い切りお洒落を楽しみたい日は
アシンメトリーなシルエットや、ひと手間アレンジを加えたスタイルで
洗練された雰囲気にまとめるのも素敵です。

arrange 1

フィンガーウェーブで横顔美人

10代の頃の可愛らしい面影を残しつつ、大きなフィンガーウェーブで個性を演出したスタイルは、同窓会でも注目を集めます。

フォーマル度
★★★☆☆

BACK

START

バックを2つにブロッキングして、それぞれ高さを変えて髷を作る。サイドの毛束はそれぞれ髷の根に巻きつけてピンでとめる。

point!

フィンガーウェーブを作るときは、スタイリング前の巻きで流したい方向に巻いておく。

2

1

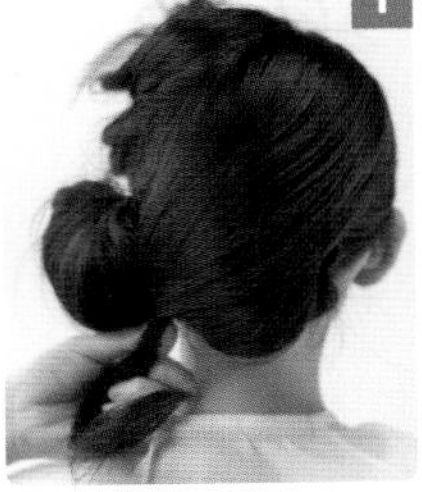

1 トップの毛束に軽く逆毛を立ててバックに運び、2つの髷の間に入れる。毛先は髷の根に巻きつけてピンでとめる。

2 ウェーブをつけたいところをウェーブクリップではさんでクセをつけ、毛先は髷に沿わせてピンでとめる。

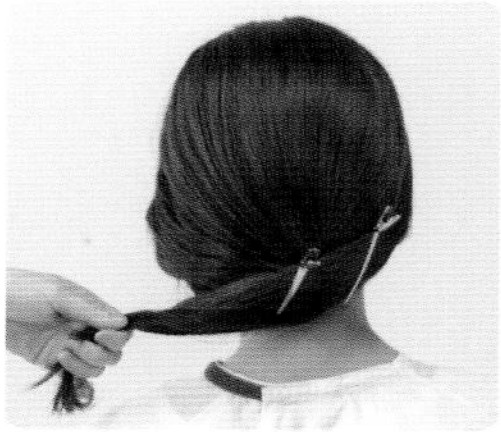

トップとサイドを合わせたら2パートに分ける。それぞれダッカールで面を整えながらすき毛にかぶせ合わせる。毛先を隠すようにピンでとめる。

START

トップとサイドを残してバックに根を作り、丸く形作ったすき毛を根の上にのせる。

point!

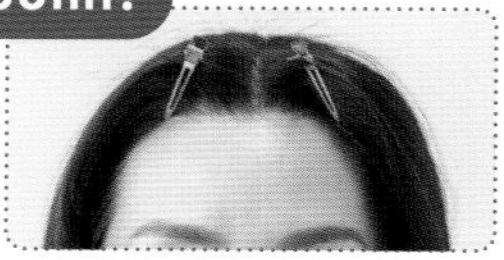

トップにボリュームを出さない場合はさびしい印象になりがちに。前髪に立ち上げを作ることで華やかさが出る。

BACK

SIDE

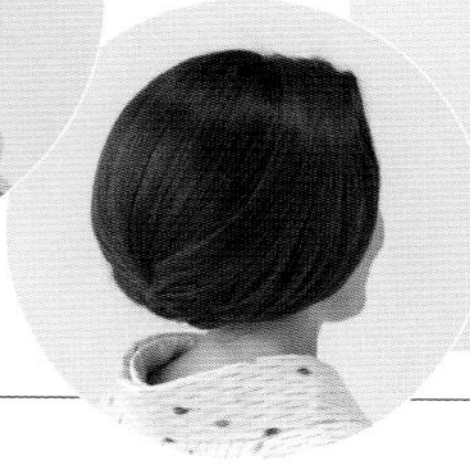

arrange **2**

大きなすき毛をふんわり包むだけ

お友達とのランチ会やショッピングなどで着物を着る日は、和髪らしいボリュームをさり気なく取り入れると好印象。

フォーマル度
★☆☆☆☆

arrange **3**

毛先のワンカールでカジュアル感をプラス

毛先を遊ばせるだけで、カジュアルな雰囲気に。全体的にタイトにまとめたシルエットは、観劇にもおすすめです。

SIDE

BACK

フォーマル度
★☆☆☆☆

START

右サイドとフロントを残す。左サイドとバックを合わせて斜めにブロッキングする。中央寄りの毛束をトップで結んで根にする。

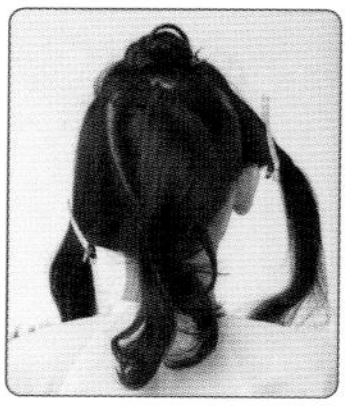

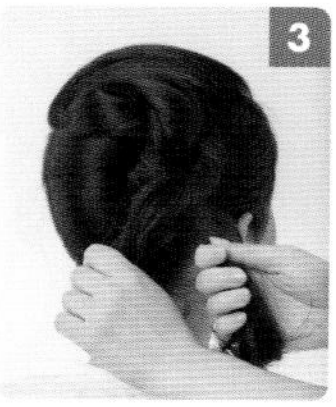

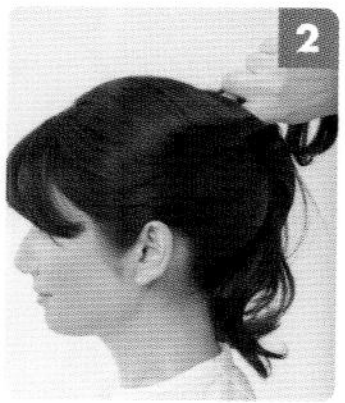

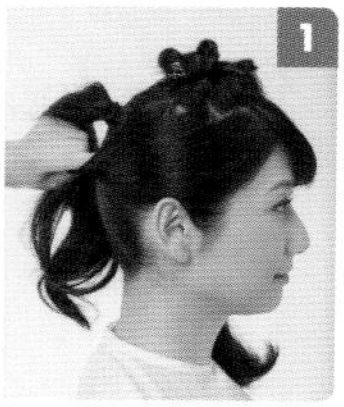

1 右サイドをねじりながら根に合わせてピンでとめる。根の下にすき毛をのせて、左サイドとバックの毛束をねじり上げながらすき毛にかぶせる。
2 フロントは高さを出しながらねじり上げて、根の近くで毛先を外してピンでとめる。
3 中央に集まったすべての毛束を右方向に向かって三つ編みにする。毛先にニュアンスをつけて、ネープでピンでとめる。

上＝担当／EMBELLIR　下＝モデル／亀岡久世　担当／山﨑伊久江美容室

arrange 4

ロールの大きさを変えれば よそゆき感もアップ

長く形作ったすき毛に毛束をかぶせてロールを作ります。形はあえて崩すことで小粋な印象に。こなれた雰囲気にも見えるスタイルです。

フォーマル度

★★☆☆☆

START

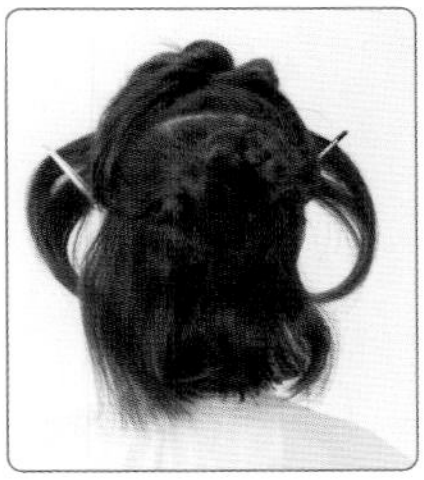

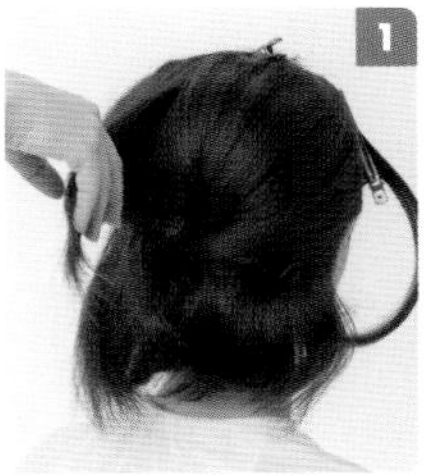

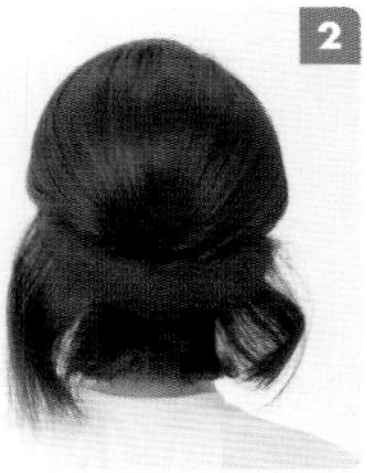

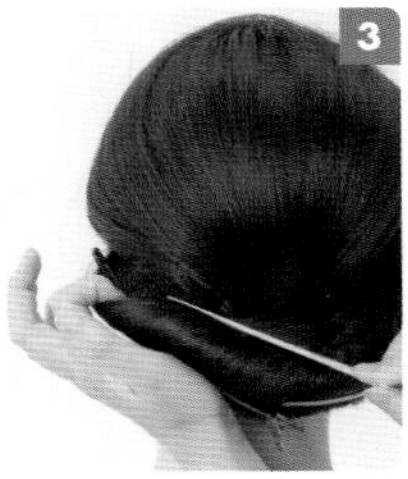

START フロントとサイド、バックを残して、中央に根を作る。

1 根にすき毛をのせる。フロント、サイドの順に毛束を少量ずつすき毛にかぶせて根の近くでピンでとめる。

2 フロントとサイドのピンを隠すように根の下に片側にかけて太くなるよう細長く形作ったすき毛をのせる。

3 バックの毛束を少量ずつすき毛にかぶせ上げる。毛先はしっかりとロールの内側にしまい、ピンでとめる。

FRONT

BACK

モデル／相馬 直　担当／山﨑伊久江美容室

BACK

SIDE

START

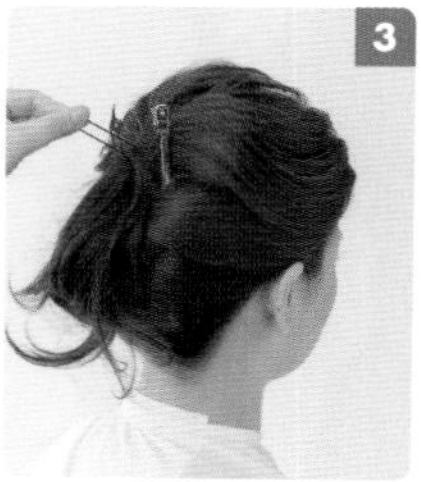

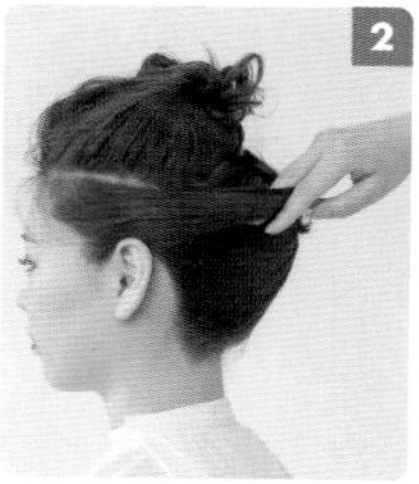

START 中央に根を作る。
1 2つにブロッキングしたバックを、それぞれ根に向かって結い上げてから結び、ゴムの部分を根にピンでとめる。
2 両サイドはそれぞれ面をきれいに整えてからタイトに根に合わせてピンでとめる。
3 フロントとトップはところどころ毛束を引き出してボリュームを出しながらバックに合わせ、毛流れをつけながらまとめてピンでとめる。

arrange 5

サイドはタイトにまとめて縦長シルエットに

トップをふんわりとルーズに仕上げたスタイルはやわらかい印象に。サイドはタイトにまとめることでメリハリがつきます。

フォーマル度
★☆☆☆☆

モデル／加畑風花　担当／山﨑伊久江美容室

SIDE

FRONT

arrange 6

ざっくりとした毛流れで クールに演出

すき毛の上に少量ずつ取った毛束をねじり上げたスタイル。ツイストされた毛束でつけたルーズな毛流れがポイントです。

フォーマル度
★☆☆☆☆

START

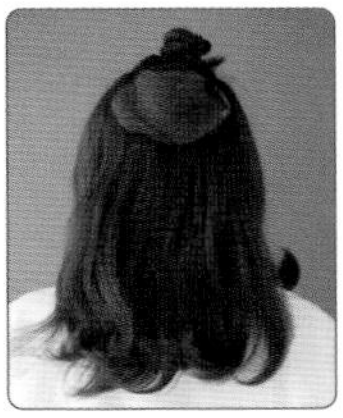

トップを逆三角形に取って根を作り、根の上にすき毛をのせる。

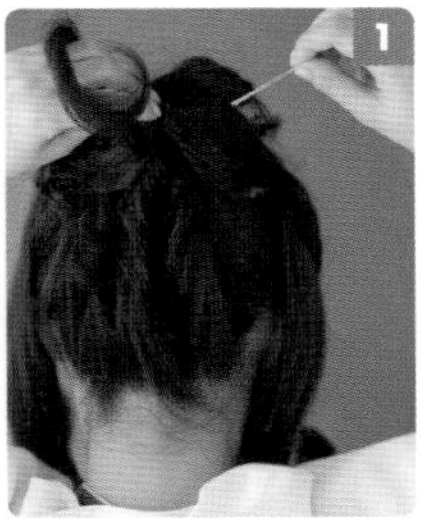

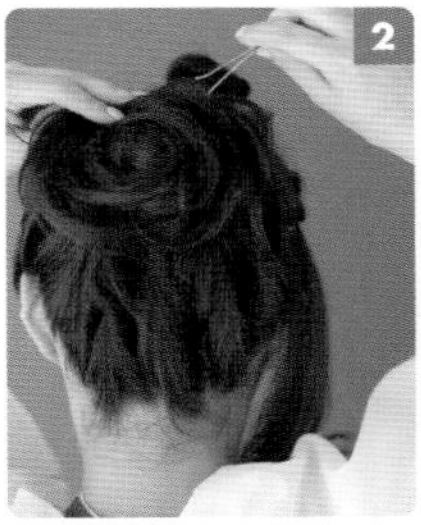

1 バックの毛束を少量ずつ取って、すき毛に向かってねじり上げてピンでとめる。
2 ねじり上げたそれぞれの毛束の毛先は、下準備で巻いたカールを生かして毛流れをつけながらところどころピンでとめて形作る。
3 サイドは上下に分けて、それぞれツイストにする。下から毛束をところどころ引き出してボリュームを出してからバックに合わせてピンでとめる。
4 フロントはふんわりとしたポンパドールにしてバックでピンでとめる。

 モデル／藤井明子　担当／EMBELLIR

落ち着いた雰囲気に見せたい日

異業種交流会など、スーツ感覚で着物を装いたい日には盛りすぎず、かといってカジュアルにもなりすぎないスタイルが求められるのでこなれた感のある、落ち着いた雰囲気の髪型がいいでしょう。

arrange 1

アシンメトリーにまとめてこなれた着姿に

洋装が多いシーンでもなじむ、アシンメトリーなスタイル。大げさではないのにテクニックを感じられる上級スタイルです。

フォーマル度
★★★☆☆

FRONT

START

バックは斜めにブロッキングし、アシンメトリーになるように中心から少し横にずらしてひとつに結んで根にする。

1 根ですき毛を巻きつけて髷を作る。
2 ヘビーサイドの毛束をタイトにバックへ流してからねじって髷に沿わせる。毛先は髷の下でピンでとめる。
3 トップとフロントは下準備の巻きを生かしながら手ぐしでざっくりとバックへ流す。
4 毛流れを作ったら、毛先はねじって髷に沿わせてピンでとめる。

 担当／EMBELLIR

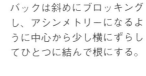

arrange 2

上下に作った髷で デコラティブなシルエットに

フォーマル度

★★★☆☆

オーソドックスな髷スタイルですが、前髪をセンターで分けるだけで粋でモダンな印象に。ビジネスシーンでも好感度の高いスタイルです。

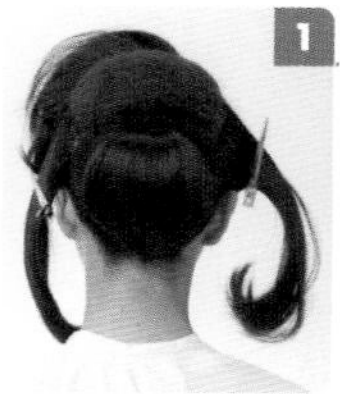

START

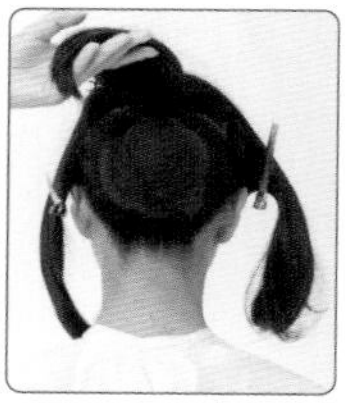

START バックを高い位置で結んで根にする。根の下にすき毛をのせる。

1 すき毛に根の毛束をかぶせ下ろして毛先をピンでとめて髷にしたら、その上にもすき毛をのせる。トップの毛束をかぶせて髷にして、毛先はピンでとめる。

2 両サイドの毛束を上下の髷の間に沿わせ、毛先は髷の内側に隠れるようピンでとめる。

FRONT

BACK

---

arrange 3

大きな毛流れで作る エレガントライン

ゆったりと大きな毛流れでエレガントなスタイル。毛流れが上を向くように耳を隠すと、しっとりとした印象に仕上がります。

フォーマル度

★★★☆☆

SIDE

BACK

START

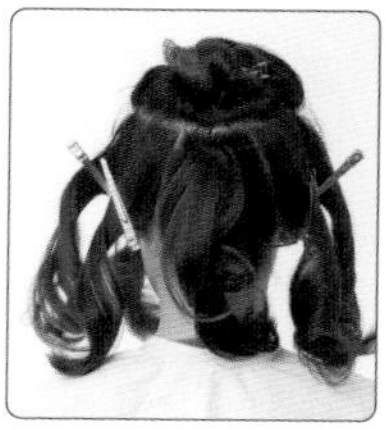

センターをひとつに結んで根を作る。残りをフロント、トップ、サイド、ネープの5つにブロッキングする。

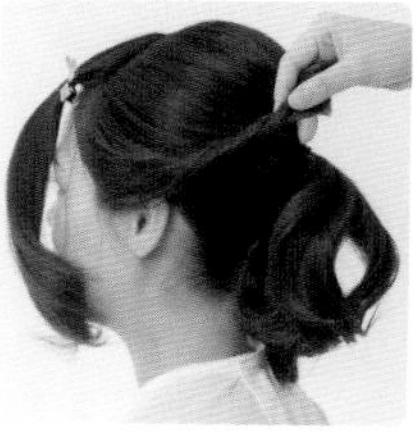

ブロッキングしたそれぞれの毛束をねじりながら根にまとめる。毛先は下準備のカールを生かしてニュアンスをつけ、ところどころピンでとめて形作る。

arrange 4

土台となる根に毛束を巻きつけるだけ

下準備でしっかりていねいにカールをつけておくのが成功の秘訣。カールのクセさえついていれば、自然と美しい毛流れが実現します。

フォーマル度
★★★★☆

BACK

SIDE

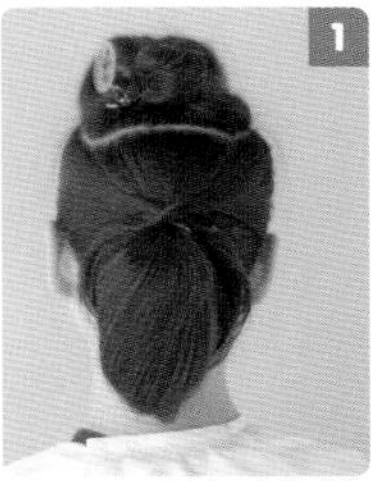

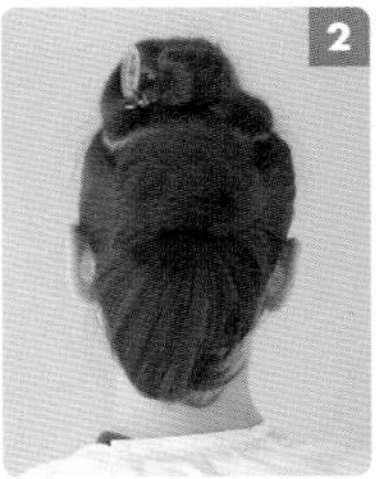

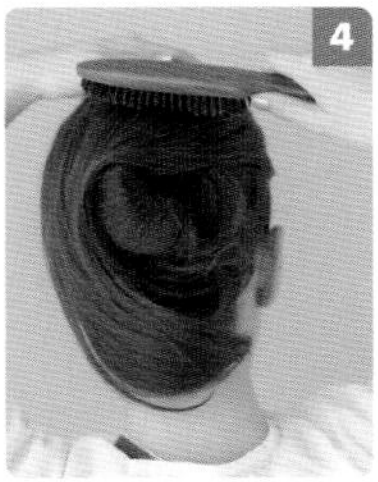

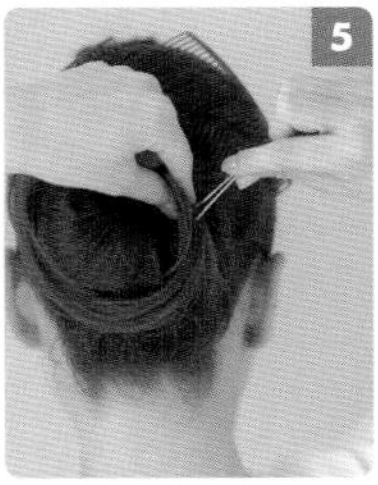

START

前髪は後方に向かってリバース巻きにしておく。トップと両サイドを残してバックを中央でポニーテールにして根にする。

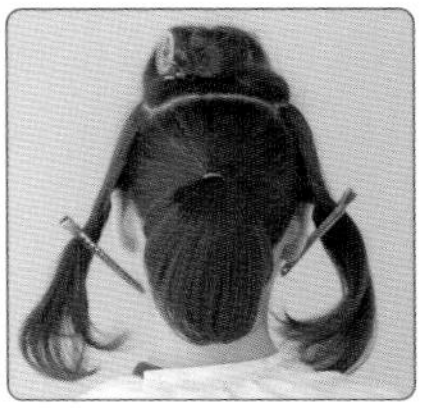

1 両サイドの毛束をねじりながら根の結び目に合わせてピンでとめる。
2 根の上にすき毛をのせる。
3 根の毛束をすき毛にかぶせ上げてピンでとめる。
4 トップの毛束に逆毛を立て、左斜め後方にふんわりとかぶせ下ろす。
5 根に毛束を巻きつけてピンでとめる。
6 前髪は毛流れを整えながら後方へ運び、根に沿わせてピンでとめる。

arrange 5

大きなすき毛で作るボリューミーシニヨン

正面から見たシルエットはタイトにおさまるよう、後方に向かってボリュームを持たせます。フォーマルにもおすすめなスタイルです。

フォーマル度
★★★★★

BACK

FRONT

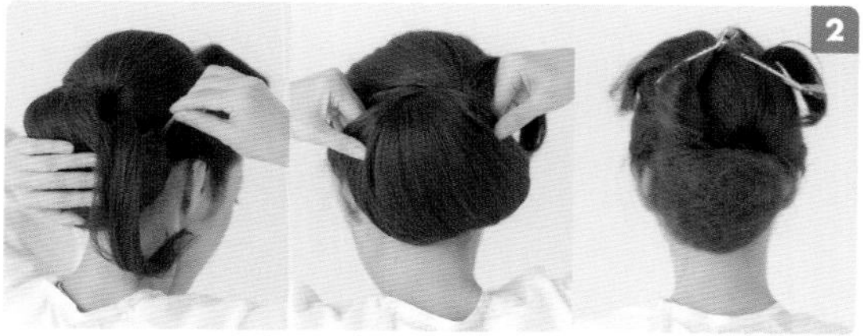

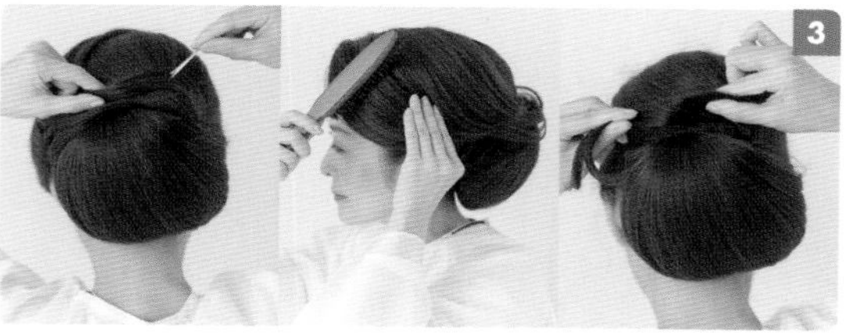

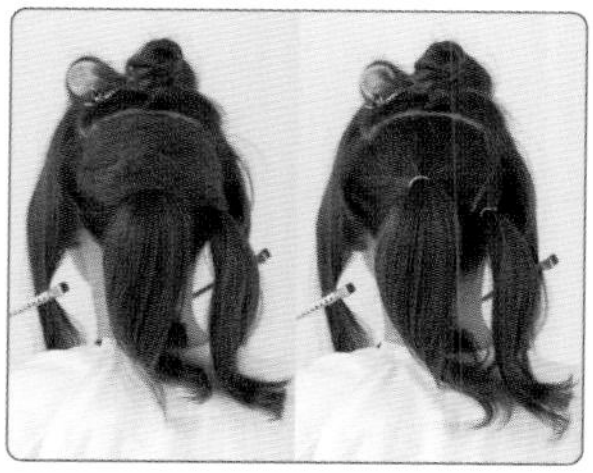

START

前髪は流したい方向に巻いておく。バックは2：1に分けて多いほうの左側は真ん中で、右側はやや横でひとつに結ぶ。上にすき毛をのせる。

1 トップは左側のポニーテールに、右サイドの毛束は右のポニーテールに、左のサイドは左側のポニーテールの結び目にねじりながら合わせてピンでとめ、さらに毛先は丸めて結び目の下でピンでとめる。

2 左右のポニーテールの下にすき毛をのせてピンでとめる。左側のポニーテールの毛束に逆毛を立てて、すき毛にかぶせ下ろし、指で面を広げて両サイドはピンでとめ、大きなシニヨンにする。

3 右のポニーテールの毛束をシニヨンの上に沿わせてピンでとめる。前髪は後方へ流して毛流れをつけ、シニヨンに沿わせてピンでとめる。

arrange 6

毛束を広げるだけで 簡単シニヨンに

丸めたポニーテールの面を広げるだけの簡単シニヨンスタイル。 シンプルなスタイルだからこそ、艶やかな面を意識するといいでしょう。

START

両サイドと前髪を残してバックは低めの位置でポニーテールにする。トップはコームの柄で持ち上げてボリュームを出す。

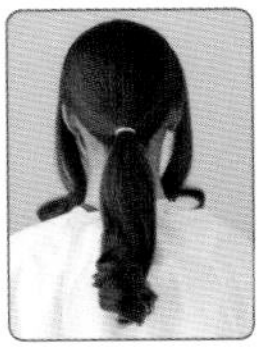

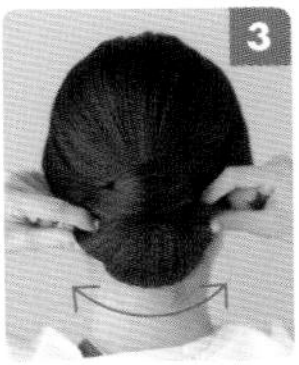

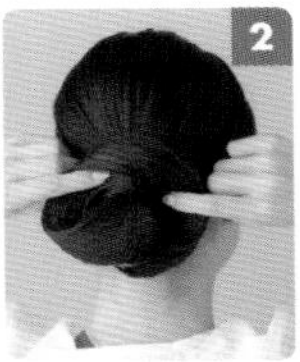

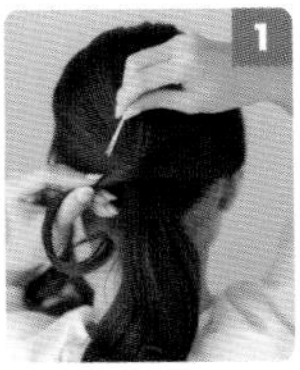

1 サイドは少したるませるようにねじりながらポニーテールに合わせてピンでとめる。
2 ポニーテールと両サイドの毛束を一緒にして、毛束を一回転させる。何ヶ所かピンでとめる。
3 輪になった毛束を扇状に広げてシニヨンにし、両端をピンでとめる。

BACK

フォーマル度
★☆☆☆☆

arrange 7

異なる毛流れで 表情チェンジ

艶やかな髷とデコラティブなツイスト。左右で毛流れのつけ方を変えたスタイルは、見る角度によって異なる表情を楽しめます。

SIDE

BACK

フォーマル度
★☆☆☆☆

START

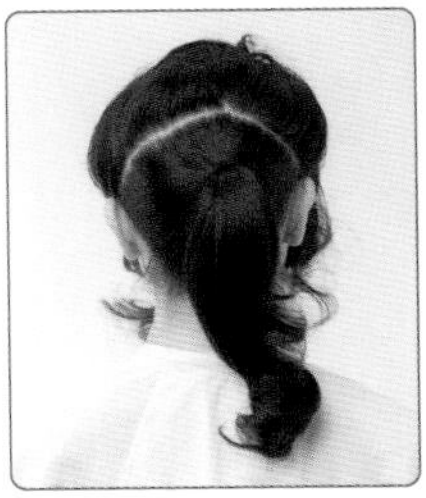

バックを高い位置でひとつに結び、根にする。

根の毛束にすき毛を巻きつけて髷を作る。トップとサイドの毛束はそれぞれねじりながら髷に巻きつけて毛流れを作る。

上＝モデル／永川晶子　担当／ EMBELLIR　下＝モデル／吉田千穂　担当／山﨑伊久江美容室

arrange **8**

デザイン性の高い デコラティブシニヨン

髷を重ねてデコラティブなシルエットに。コンパクトでさり気ない印象の髪型ですが、小ワザの効いた粋なスタイルです。

START

START フロントとサイド、センター、バックにブロッキングする。

1 センターとバックをそれぞれ結び、上下に根をふたつ作る。左サイドの毛束は下の根に、右サイドの毛束は上の根に合わせてピンでとめる。

2 下の根と右サイドの毛束を一緒に右上に倒す。ピンで平打ちして毛先を結び、平打ちした上にすき毛をのせて毛束をかぶせて髷を作る。

3 上の根と左サイドの毛束を合わせて毛先を結ぶ。内側にすき毛をのせて毛束をかぶせ、髷を作る。フロントはふんわりとボリュームを出しながらバックに合わせてピンでとめる。

フォーマル度
★★☆☆☆

SIDE

FRONT

モデル／ひかり　担当／山﨑伊久江美容室

BACK

SIDE

arrange 9

大人の三つ編みは崩しすぎないのが鍵

可愛らしい三つ編みも、ポイント使いすると程よいアクセントに。崩しすぎず、そのほかの面をきれいに仕上げるのがポイントです。

START

バックは斜めにブロッキングし、それぞれサイドと合わせて結び、毛先を三つ編みにする。

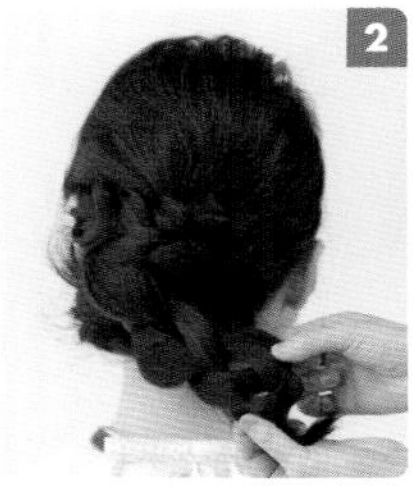

❶ トップの毛束に逆毛を立て、ボリュームを出してからバックに運ぶ。ねじりながら片側の三つ編みの根に巻きつけ毛先をピンでとめる。
❷ すき間ができないよう、ていねいに三つ編みの面を指で広げてから、まとめて形作る。

フォーマル度
★★☆☆☆

advice

三つ編みは、すき間ができるくらい崩してしまうと子供っぽくカジュアルすぎる印象に。

 担当／EMBELLIR

年齢別
着物メイクのポイント①

good

和装だからといって濃いメイクをする必要はありません。
年齢に応じたメイクポイントを押さえて
着物映えするメイクで着物ライフを楽しんでください。

30代～ 素肌感を生かしたナチュラルメイクで

20代に比べると小ジワやくすみが目立ち始める年齢は、肌感重視のベースメイクを心掛けるといいでしょう。

アイラインは上下に入れると目が小さく見えるので、下はアイシャドーを使います。

リップは艶感のあるグロスにすると若々しく華やかな印象に。

チークは丸く入れると子供っぽく見えるので、あくまでも血色をよく見せることを重視して色を足すといいでしょう。

not good

40代～ 気になる部分をカバーしつつ眉とリップはていねいに仕上げる

たるみも気になり始め、目の下などにくすみも目立つようになる年齢。コンシーラーでカバーしてマット系のベースメイクをします。ただし厚塗りは厳禁。目元を盛りすぎるとかえって老けて見えるので、眉、目元、口元をていねいに仕上げて清潔感のある上品メイクを心掛けるといいでしょう。

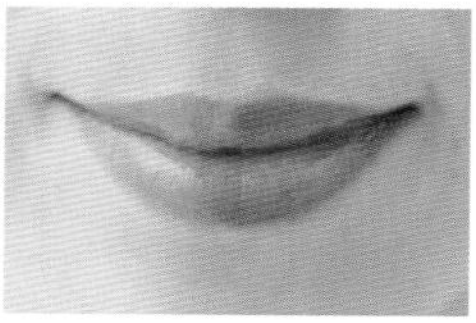

輪郭をしっかりと取ると品よくなる。口の周りにハイライトを効かせると、口角が上がって見える。

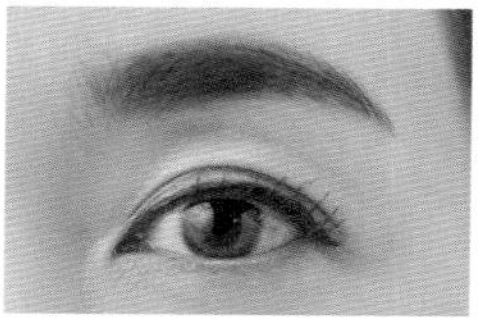

眉はしっかりときれいなラインを作る。アイラインは目尻から2㎜を埋めるように描く。

good

not good

担当／EMBELLIR

PART
2

セルフアレンジもできる
カジュアルな日の髪型

髪型のセルフアレンジができれば、もっと着物が身近になります。
スタイリングのポイントはなんといっても下準備。
事前に「巻く」「ワックスを全体につける」「ブラッシングする」
この３つの下準備を行うことで、スタイリングがぐっと簡単になります。

arrange 1

ツイストを折り重ねるだけで
誰でも簡単美シルエット

4つにブロッキングした毛束をツイストして折り重ねただけの超簡単スタイル。ロングヘアの方におすすめのスタイルです。

START サイドを取り、バックはジグザグに斜めにブロッキングする。

1 サイドはフェイスライン側から毛束をすくいながらツイストに、バックはそれぞれ矢印の方向に向かってツイストにする。写真内の矢印はプロセス2の手順。

2 バックのツイストを折り重ねる。手順はaをa'に折り上げ、bをb'に折り重ね、cをc'に折り上げ、dはd'に折り重ねてそれぞれピンでとめる。

3 サイドはそれぞれバックに折り重ねて2ヶ所ほどピンでとめ、毛束を引き出してボリュームを出す。

START

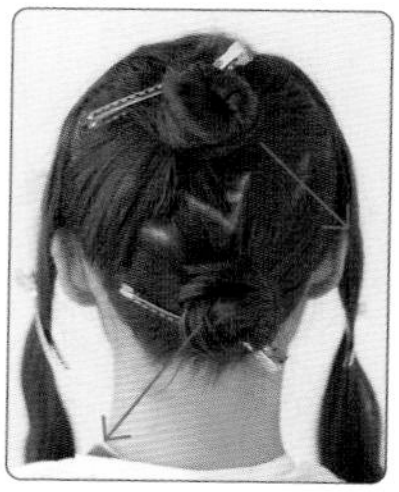

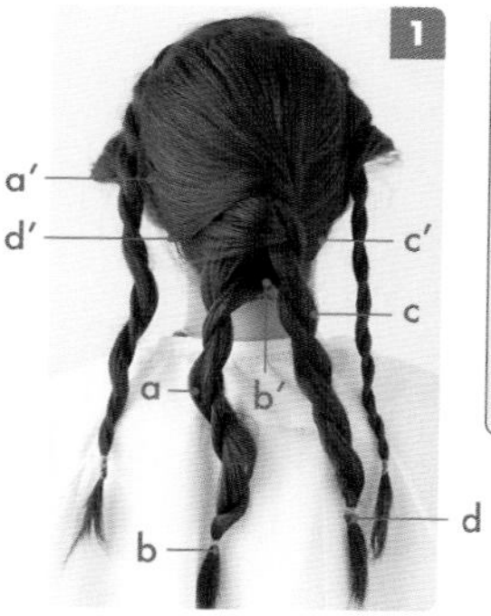

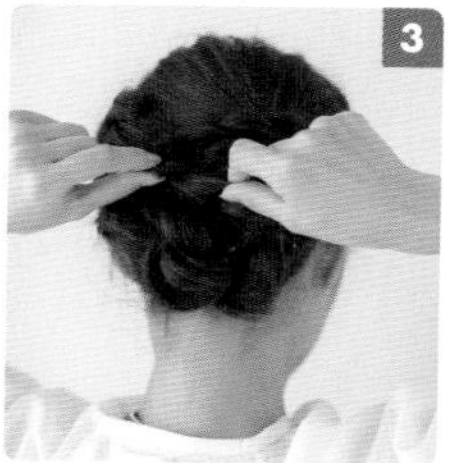

FRONT

難易度	★☆☆☆☆
ベース	ツイスト

モデル／本田涼子　担当／EMBELLIR

FRONT

SIDE

START

前髪は流したい方向に巻いておく。トップとサイドを合わせて斜めにブロッキングする。バックはジグザグに縦にブロッキングし、左右で高さを変えてポニーテールにして根にする。

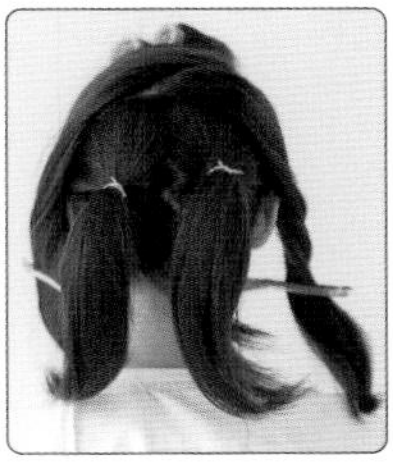

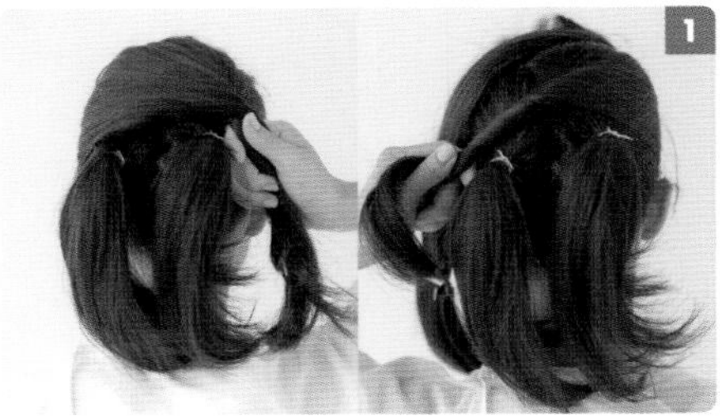

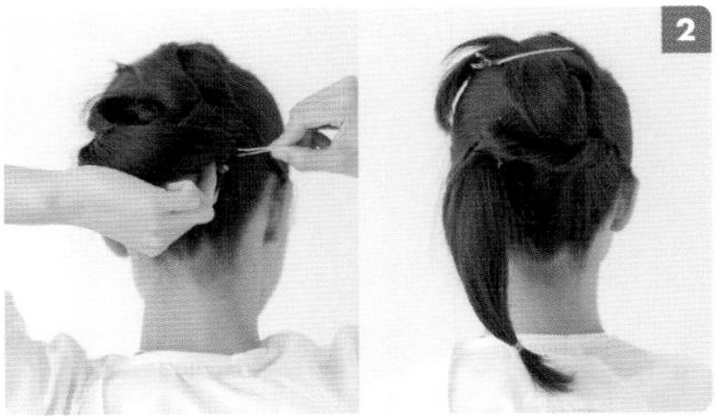

arrange 2

ねじってまとめるだけ 毛量の多い人におすすめ

根にしたポニーテールの結び目に、ツイストしたトップの毛束を巻きつけることで、デコラティブな表情をプラス。

難易度	★☆☆☆☆
ベース	ポニーテール×ツイスト

1 右のトップとサイドをねじりながら左の根に、左のトップとサイドはねじりながら右の根に合わせてピンでとめる。

2 左の毛束の毛先を結び、右の根に合わせて毛先を内側に隠してピンでとめる。
※写真ではわかりやすいように右の毛束を上に上げています。

3 右の毛束を2つに分けてツイストし、**2**の毛束の上に合わせて毛先は内側に隠してピンでとめる。

 モデル／西井 蘭　担当／EMBELLIR

arrange **3**

すくい上げてまとめるだけの ニュアンススタイル

下準備の巻きを生かして、ざっくりとした毛流れを作っておきます。ルーズな雰囲気が、カジュアルな着物にも浴衣にも合います。

難易度	★☆☆☆☆
ベース	ツイスト

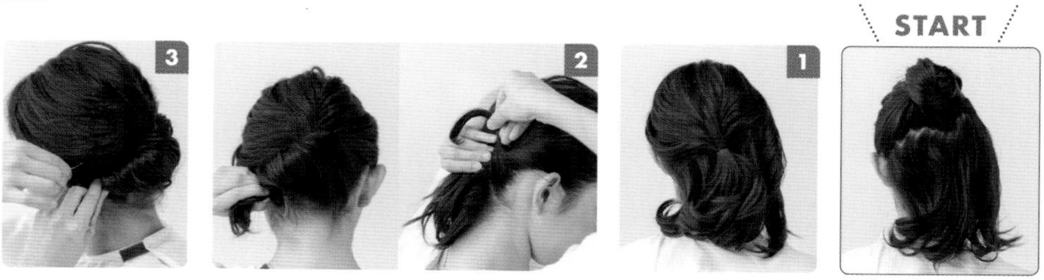

START トップとバックをジグザグにブロッキングする。
1 トップをやや右に寄せて、ふんわりとひとつに結ぶ。
2 右側のサイドから下の毛束をすくい上げる。トップの毛束も巻き込みながら逆サイドまですくい上げていく。
3 毛先は残してピンでとめる。
4 コームをすくい上げた毛束の上端に挿し、そのまま上に倒して挿し込む。

担当／EMBELLIR

難易度	★☆☆☆☆
ベース	ポニーテール

arrange 4

2つの毛束を散らした ルーズシニヨン

ポニーテールの毛束を2つに分けて散らすだけ。下準備でしっかりと巻いておくことで、無理なく自然に丸いフォルムに形作れます。

BACK

●基本のポニーテール●

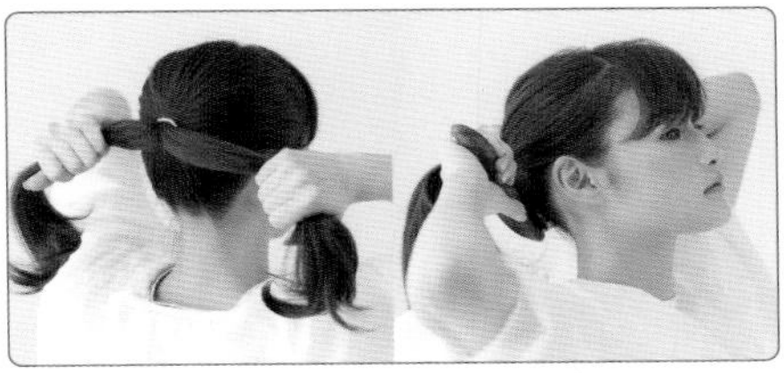

衿足がたるみがちなポニーテールは、斜め上45度を向きながらブラッシングしてまとめます。結び終えたら毛束を左右真横に引いてたるみをなくします。

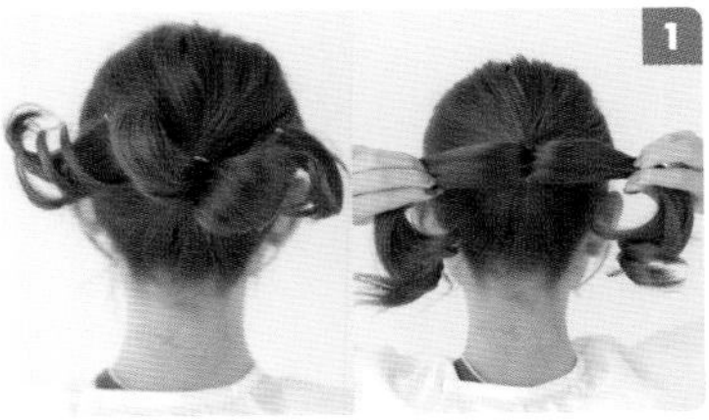

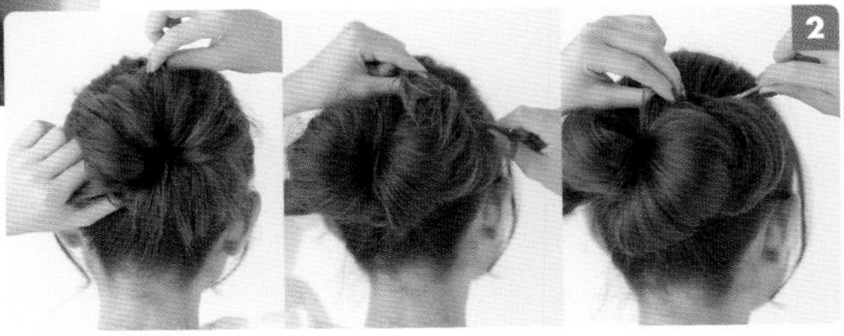

1 真ん中の位置でポニーテールに結ぶ。毛束を2つに分けて、それぞれ大きく一回転ひねり、毛先を外して地肌にピンでとめる。

2 輪になった毛束の面を指で扇状に広げて上下をピンでとめる。外した毛先は逆毛を立てて、広げた毛束に自然に沿わせる。バランスを見ながらところどころ毛束を引き出してボリュームを調整する。

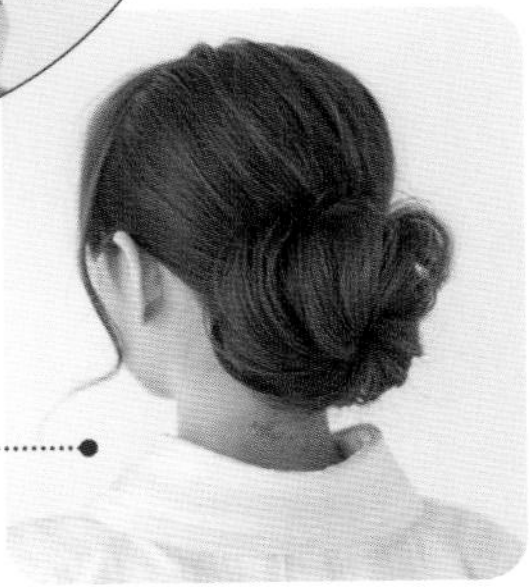

高さを変えて 雰囲気チェンジ

ポニーテールの高さを変えれば大人スタイルに。

arrange 5

毛先を抜かない
ポニーテールアレンジ

最後に毛先を抜かずにポニーテールにし、毛束を崩してシニヨンにしたスタイル。正面から見たときに、外した毛先がアクセントに。

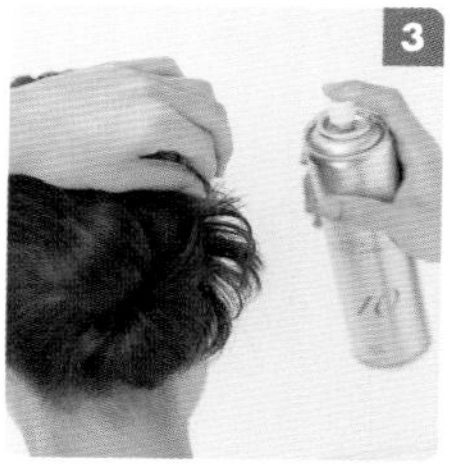

1 中心よりも横のやや低い位置で結び、最後に毛先は抜かずに輪を作る。輪を2つに分ける。
2 2つに分けた輪をそれぞれ扇状に広げる。左右をピンでとめ、丸いシニヨンにする。
3 残しておいた毛先は正面から見たときにバランスよく見えるように広げて、ハードスプレーでかためる。

point!

巻いた髪にワックスをつけておくことで、まとまりやすくなります。これはすべてのスタイルに共通するコツです。

難易度	★☆☆☆☆
ベース	ポニーテール

担当／EMBELLIR

START

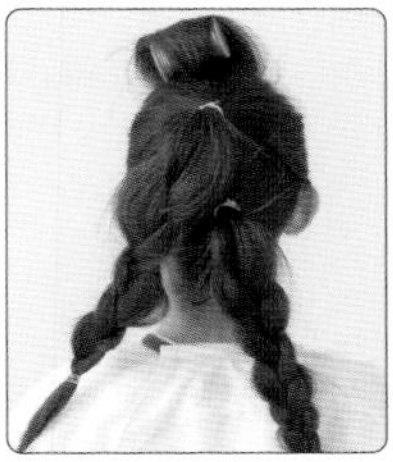

前髪は大きめのカーラーで後方にリバース巻きにする。残り全体を上下でジグザグにブロッキングし、それぞれポニーテールにして三つ編みにし、ところどころ毛束を引き出してボリュームを出す。

arrange 6

ざっくり編んだ三つ編みをからめて大きなシニヨンに

三つ編みはふんわりと編んでボリュームを出します。トップもふんわりと高さを出すので、衿足やもみあげはスッキリとさせましょう。

難易度	★★☆☆☆
ベース	ポニーテール×三つ編み

1 下の三つ編みを上の三つ編みの根に巻きつけて毛先を隠してピンでとめる。上の三つ編みは下の三つ編みでできた輪に通して下の三つ編みの根に巻きつける。毛先を隠してピンでとめる。

2 前髪は逆毛を立ててからポンパドールにし、指でざっくりと毛束を引き出してボリュームを出して後ろのシニヨンにピンでとめる。毛先はシニヨンに巻きつけて隠す。

 担当／EMBELLIR

arrange 7

逆毛を立てて ランダムにとめるだけ

高い位置でポニーテールにし、毛束に逆毛を立ててランダムにまとめたルーズシニヨン。正面からの見た目でボリュームを調整します。

BACK

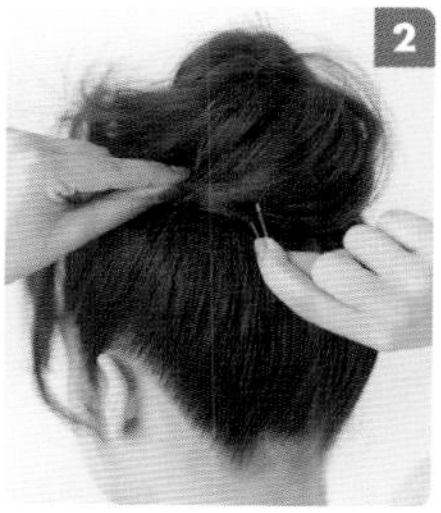

1 高い位置でポニーテールにしたら毛束を2つに分ける。それぞれ内側に逆毛を立てる。
2 逆毛を立てた毛束をそれぞれポニーテールの根元にふんわりと巻きつける。根元に向かってピンを数本挿し、固定する。

難易度	★☆☆☆☆
ベース	ポニーテール

---

arrange 8

三つ編み＋くるりんぱ デコラティブシニヨン

難易度	★★☆☆☆
ベース	三つ編み×くるりんぱ

三つ編みを折り重ねてボリューミーなシニヨンを作ります。くるりんぱをミックスさせることで、よりデコラティブなシルエットに。

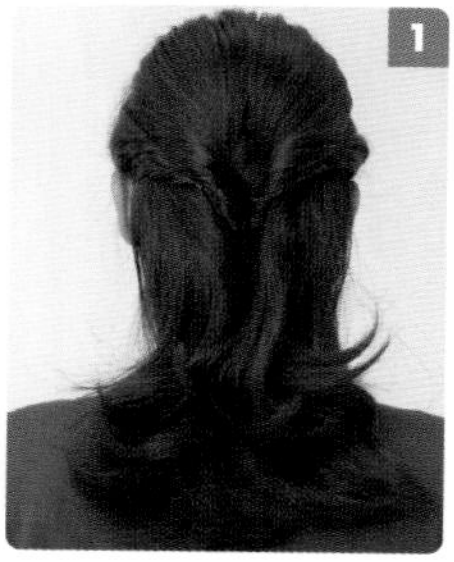

BACK

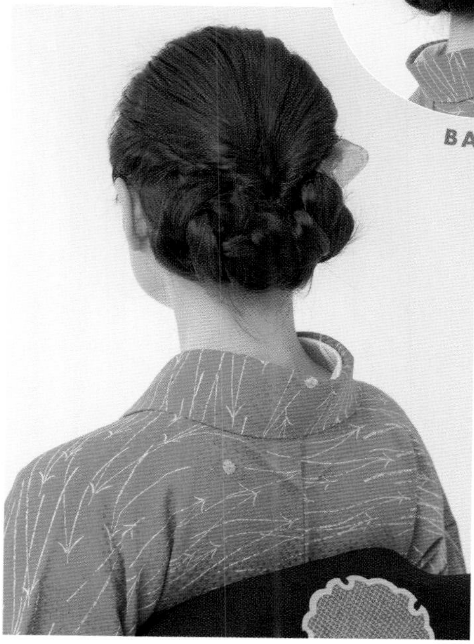

1 フロントとトップをひとつに結んでくるりんぱにし、両サイドをそれぞれねじりながら合わせてピンでとめる。
2 全体を2つに分けて、それぞれ三つ編みにし、ところどころ毛束を引き出してボリュームを出す。三つ編みを折り重ねてシニヨンにし、ところどころピンでとめる。

上＝モデル／鈴木アンナ　担当／EMBELLIR　下＝モデル／高島摩依　担当／山﨑伊久江美容室

難易度	★★☆☆☆
ベース	ギブソンタック×三つ編み×くるりんぱ

arrange 9

ギブソンタックに 編み込みでアクセントをプラス

編み込みやくるりんぱは、シンプルなスタイルに華やかなアクセントを加えます。後れ毛も楽しみたい軽やかなカジュアルスタイル。

START サイドは編み込みにし、耳下からは三つ編みにする。バックはひとつに結んでくるりんぱにする。

1 サイドの毛束を後ろでひとつにまとめ、毛先はくるりんぱの中に入れる。毛先を結ぶ。

2 毛先を持ち上げて内側に入れてギブソンタックにする。

3 数ヶ所ピンでとめる。

arrange 10

高さを変えた編み込みで流れるラインを作る

ざっくりとした編み込みに、さらに毛束を引き出してボリュームを出します。流れるラインが美しい、編み込みスタイルです。

難易度	★★★☆☆
ベース	編み込み

START

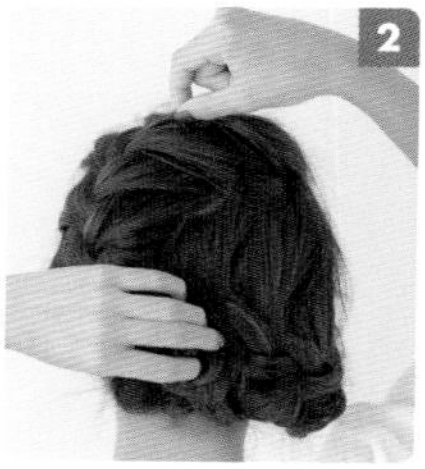

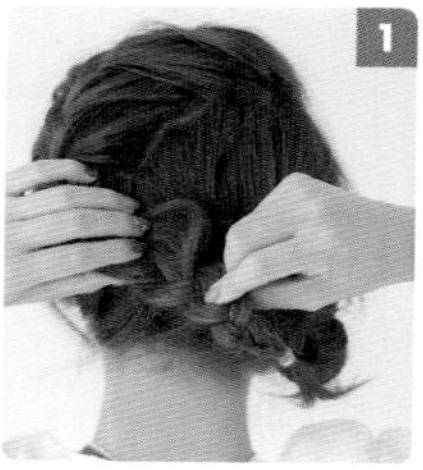

START 全体を斜めに上下でジグザグにブロッキングする。上の毛束はフロントから大きく編み込みにする。下の毛束は上とは逆の方向に編み込みにする。

1 下の編み込みは毛先から内側に丸めて右の耳下でピンでとめる。上の編み込みは下の編み込みのネープに沿わせてピンでとめ、さらに毛先を隠すようにピンでとめる。

2 編み込みを押さえながら、トップの毛束をところどころ引き出してボリュームを出す。

FRONT

SIDE

arrange 11

毛先を残した変形くるりんぱ

毛先を残したくるりんぱ。残した毛先がシニヨンになります。毛量の多い人におすすめなスタイルです。

SIDE

難易度	★☆☆☆☆
ベース	くるりんぱ

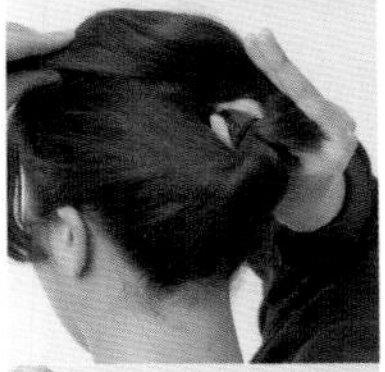

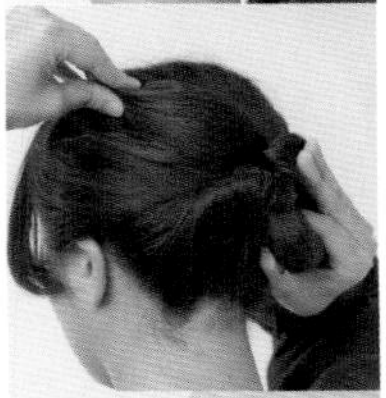

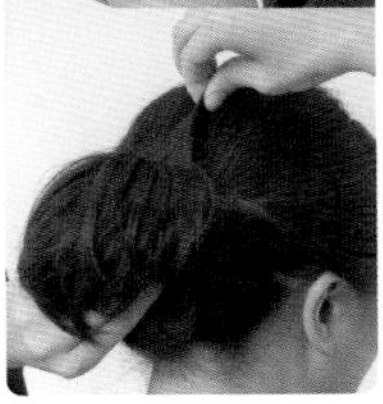

全体を低い位置でポニーテールにする。結び目の下から指を入れて、ポニーテールの根元付近の毛束をつかんで結び目の下から引き出す。シニヨンにする分の毛先を残し、下から引き出した毛束をピンでとめておく。

arrange 12

三つ編みを丸めるだけの簡単シニヨン

シンプルなシニヨンも、三つ編みで作ることで華やかな表情がプラスされます。さらに外巻きにすることで衿足がきれいに決まります。

難易度	★☆☆☆☆
ベース	三つ編み

BACK

START

全体を低い位置で三つ編みにする。毛先を結ぶ前にところどころ毛束を引き出してボリュームを出しておく。

三つ編みを外側に一回転させる。ゴムは内側に隠して毛先はシニヨンの外に出るようにする。何ヶ所かピンでとめる。

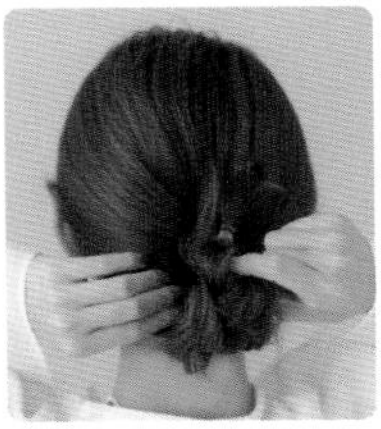

上＝担当／山﨑伊久江美容室　下＝担当／EMBELLIR

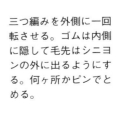

arrange 13

フィッシュボーンアレンジ

いつもの三つ編みをフィッシュボーンにするだけで異なる表情を楽しめます。

START

全体を左右にジグザグ分けにする。それぞれフィッシュボーンに編む。ところどころ毛束を出してボリュームを出す。

右側は時計回りに、左側は反時計回りに巻いてシニヨンにし、ピンで数ヶ所とめる。シニヨンを押さえながらトップの毛束を指で引き出してボリュームを出す。

難易度	★★☆☆☆
ベース	フィッシュボーン

BACK

arrange 14

ギブソンタックシニヨン

くるりんぱした毛先を内側に入れ込めば定番のまとめ髪、ギブソンタックに。

BACK

難易度	★☆☆☆☆
ベース	くるりんぱ

START

サイドを残してバックをひとつに結んでくるりんぱにする。両サイドもバックでひとつに結んでくるりんぱにし、バックのくるりんぱの穴に入れる。

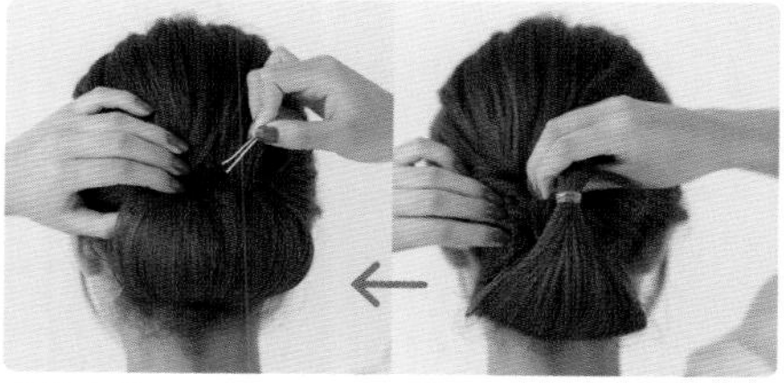

毛先を結んでおく。毛束を外側に折り上げて、ゴムを隠すように毛先を内側に入れる。ところどころピンでとめる。

下＝モデル／川口佳直　上下共に担当／EMBELLIR

arrange 15

三つ編みをランダムに巻く

巻き方に決まりはありません。 ここではひとつの参考例をご紹介します。

FRONT

難易度	★★☆☆☆
ベース	三つ編み

START

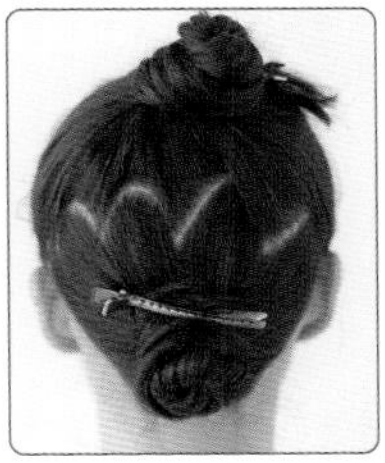

全体を上下にジグザグにブロッキングする。上の毛束はやや横に三つ編みにする。下も三つ編みにする。

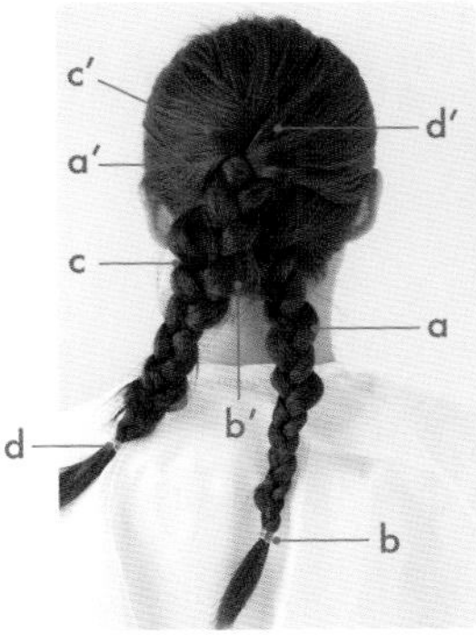

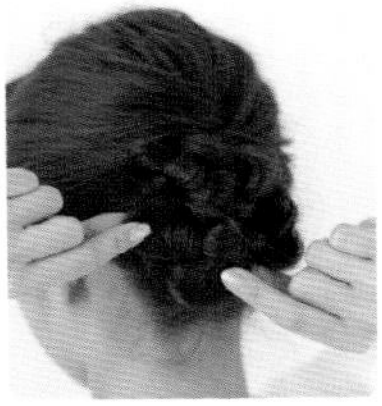

下の三つ編みは反時計回りにaをa′で、bをb′で毛先を内側に隠してピンでとめる。上の三つ編みを垂直に折り上げて、cをc′でピンでとめ、dを反時計回りに回して毛先を隠しながらd′でピンでとめる。

arrange 16

簡単デコラティブシルエット

くるりんぱと三つ編みを組み合わせるだけで、簡単にデコラティブスタイルに。

難易度	★★☆☆☆
ベース	くるりんぱ×三つ編み

START

トップ、サイドの順にくるりんぱにする。全体を2つに分けてそれぞれ三つ編みにし、毛束を引き出してボリュームを出す。

ゴムが見えないようそれぞれの三つ編みを折り重ねながらシニヨンにする。ところどころピンでとめる。

FRONT

上下共に担当／EMBELLIR

編み込み同士をつなぎ合わせて シニヨンに

難易度	★★★☆☆
ベース	編み込み

2つの毛束を編み込み、折り重ねてシニヨンにします。ここではフィッシュボーンですが、三つ編みにすればより可愛い雰囲気に。

START

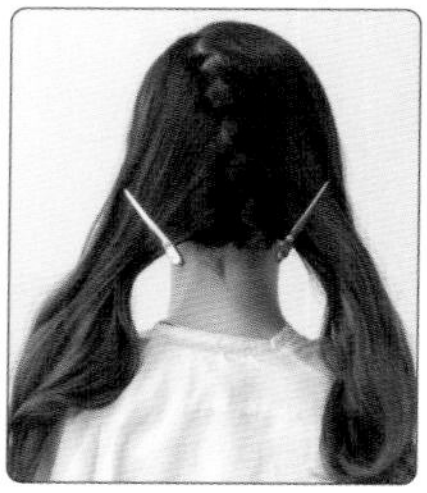

全体を斜めにブロッキングし、分け目はジグザグに取る。

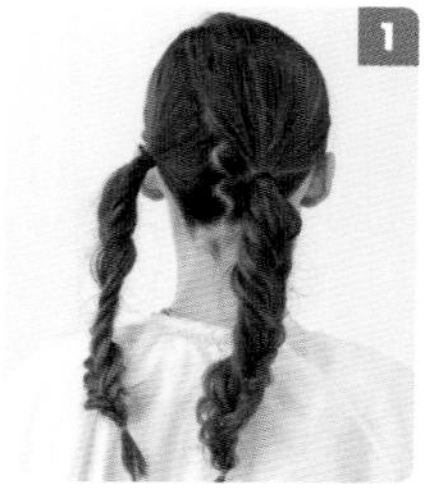

❶ 片方は耳の横で、もう片方はバックでそれぞれポニーテールにしてからフィッシュボーンに編み込み崩す。三つ編みでも可。
❷ 左側の毛束を丸めてピンでとめる。
❸ 右側の毛束をゆるめに丸めてゴムを隠すように毛先をピンでとめる。輪になった部分を左に引いてゆるみをなくし、左右の毛束がつながるように形を整え、ところどころピンでとめる。

FRONT

BACK

arrange **18**

連続くるりんぱで簡単まとめ髪

シンプルなシニヨンも、くるりんぱにすることでデザイン性の高いシルエットに。まとめる位置を変えてニュアンスを楽しみましょう。

難易度	★☆☆☆☆
ベース	くるりんぱ

BACK

START

バック、トップを順にくるりんぱにする。両サイドはバックでひとつに結んでくるりんぱにする。サイドとトップの毛先はバックのくるりんぱの中に入れる。毛先を結んでおく。

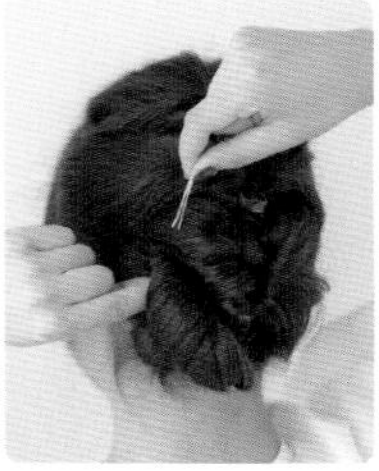

毛束を外側に丸めてシニヨンにする。両サイドをピンでとめる。ややサイドでまとめると、軽やかな表情に。

---

arrange **19**

下からすくいながらツイストアレンジ

衿足が短い人にもおすすめのツイストスタイル。下準備でしっかりとカールをつけておくのがポイント。

難易度	★★★★☆
ベース	ツイスト

START

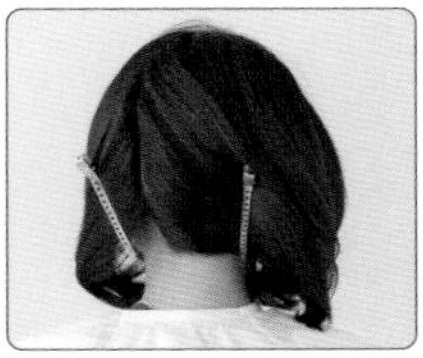

ツイストする側を多めにブロッキングする。

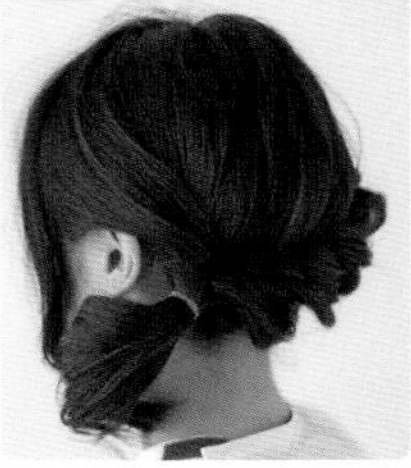

多く取った毛束を斜めに2つに分けて、下の毛をすくいながら逆サイドに向けてツイストする。少なく取った毛束を合わせて一緒に結ぶ。結んだ毛束を少量ずつ取って逆毛を立てて、ゴムを隠すようにピンでとめる。

BACK

下＝モデル／鈴木りな　上下共に担当／EMBELLIR

どんなシーンにも万能スタイル
基本の夜会巻き

簡単なのにきちんと見える。
夜会巻きは和洋問わず合わせられる万能スタイル。
ここでは一発でねじり上げる方法をご紹介します。

point!

基本のポニーテールと同じで、バックでひとつにまとめるときは下を向かず、斜め上を見ながらまとめると衿足にたるみができません。

1. ねじり上げる

衿足がたるまないよう根元を支えながらねじり上げるのが、きれいに仕上がるコツです。

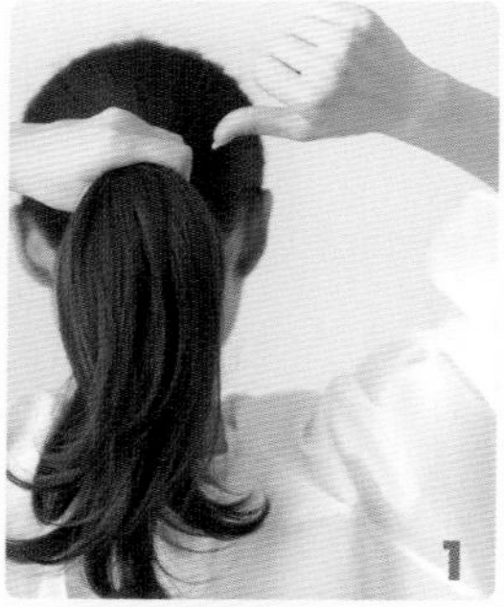

低い位置でまとめる

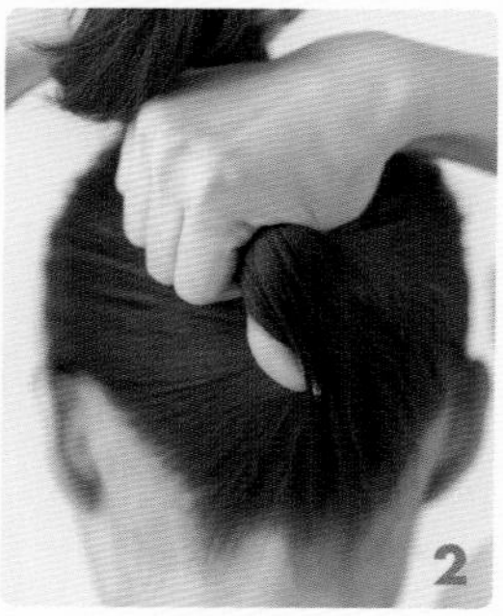

親指を軸にねじる

根元を押さえる

ねじり上げる

2. ピンを挿す

上から3ヶ所ほど挿します。基本のピンワークを覚えておきましょう。

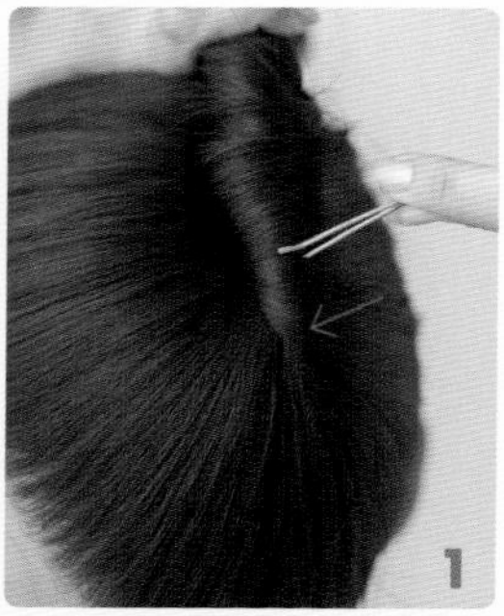

毛を少量はさみながら垂直に挿す

奥に倒す

ねじってきた方向に挿し込む

arrange

かんざし一本で簡単夜会巻き

挿し方さえ覚えればいつでもどこでも簡単に夜会巻きに。ここでは2本足のかんざしを使用します。

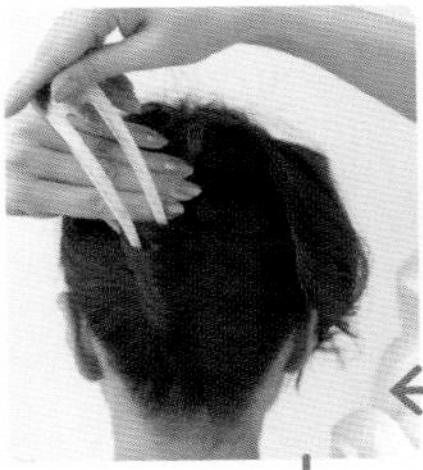

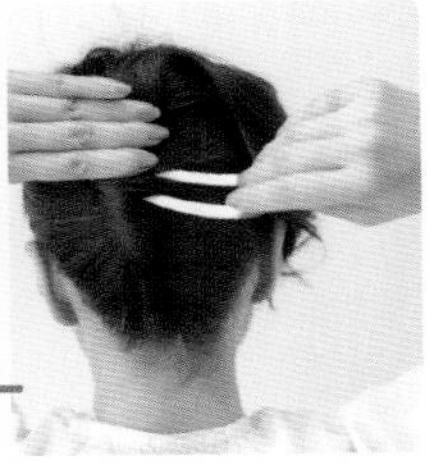

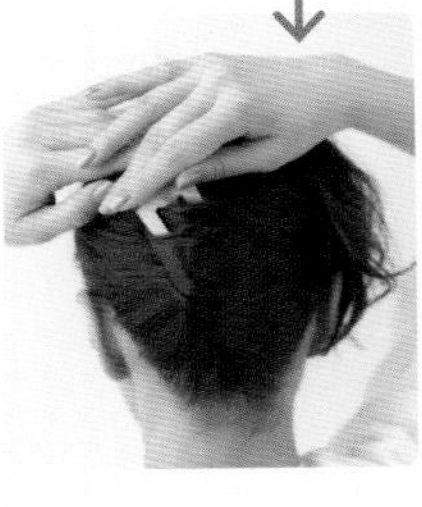

基本の夜会巻きを参考にねじり上げたら、ねじった方向にかんざしの裏が上になるよう挿し込む。逆側に倒してねじり上げた側面に沿って、斜め下にかんざしを挿し込む。

● Technique ●

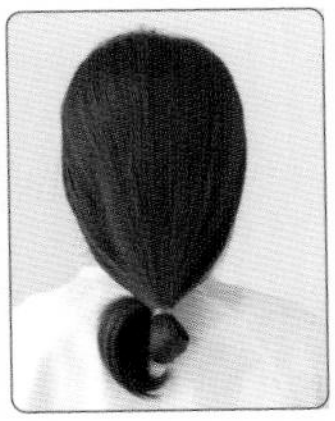

毛量が多い、または長い場合は、毛先をあらかじめ写真のように結んでおくと、ねじり上げたあと、毛先を内側に入れる処理が比較的簡単になります。

3. 毛先をまとめる

上に出た毛先は丸めてシニヨンにし、何ヶ所かピンでとめる。

上に出た毛先は丸めてシニヨンにし、何ヶ所かピンでとめる。

モデル／浅井香葉子　担当／EMBELLIR

ボブ＆ショートのカジュアルスタイル

結べる長さがないボブやショートだからこそ、ほんのひと手間加えるだけで、イメージチェンジが楽しめます。ロング同様下準備で事前に巻き、ワックスをつけてからスタイリングします。

arrange 1

タイトとふんわりのマリアージュ

フロントとサイドをタイトに押さえることで、バックのフンワリ感が生きてきます。ジェルやグロスを使って濡れ髪を演出しても素敵です。

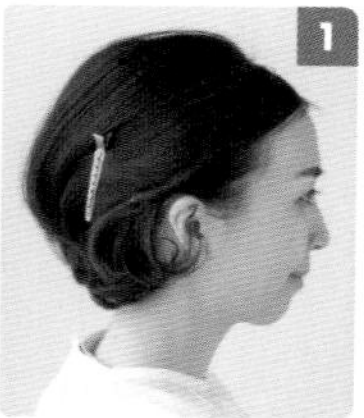

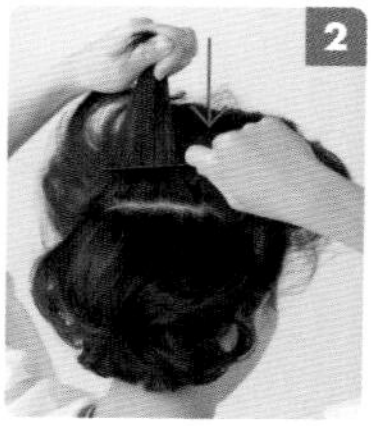

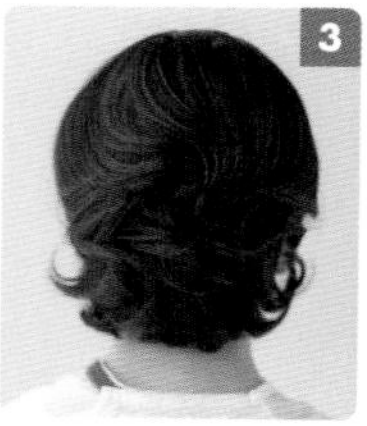

1 両サイドはねじって耳横でピンでとめる。
2 バックの毛束を少量ずつ取り、逆毛を立てる。
3 下準備でつけたカールを生かして、ところどころUピンを挿して毛流れを固定し、ハードスプレーでキープする。

基本の下準備

1.巻く
根元にボリュームを持たせたい場合は根元からしっかりと巻く。逆にボリュームを抑えたい場合は根元は外して、頭皮に対して90度以下の角度でダウンステムに巻く。

2.ワックスをもみこむ
適量のワックスを手のひらでよくこすり合わせてから、頭皮にはつかないよう、内側から手ぐしを入れてワックスを毛先まで全体に行き渡らせる。

3.ブラッシングする
根元から毛先にかけてブラッシングする。このときフェイスラインや衿足もしっかりブラッシングする。

advice 衿足は結ばないスタイルがほとんどなので、基本的に衿足は巻きません。

モデル／若松たかみ　担当／EMBELLIR

arrange 2

外巻き&内巻きのミックススタイル

衿足まで巻いて毛先に動きを出したスタイル。フロントとサイドは巻かず、タイトに押さえます。

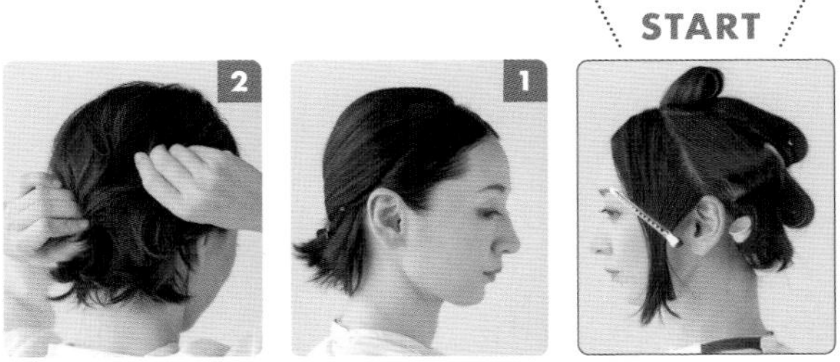

START フロントとサイドを残し、トップは根元巻きに、そのほかはダウンステムの毛先巻きにする。衿足も外ハネにするため内巻きに巻く。

1 センターパートで分け、フロントとサイドは左右それぞれ合わせてねじり、耳横でピンでとめる。

2 トップは少量ずつスライスしてそれぞれ逆毛を立て、全体の毛流れを整えてハードスプレーでかためる。

arrange 3

仕上げのもみこみで作る無造作スタイル

ランダムに巻いたトップを最後に手でもみこむことで、無造作なニュアンススタイルに仕上げます。

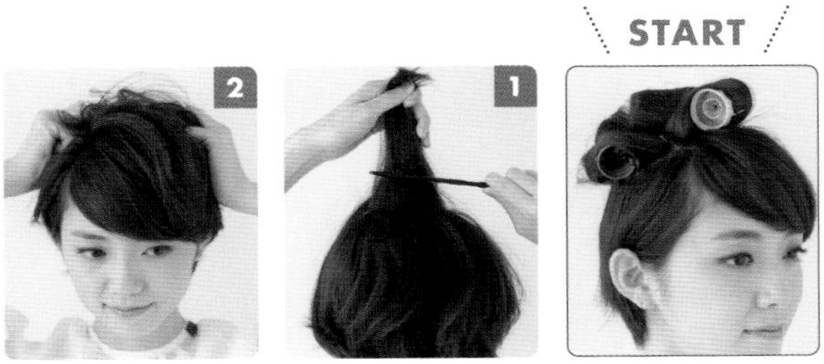

START トップをいくつかにブロッキングする。巻く方向はランダムに、太めのカーラーで巻く。

1 カールのクセがついたらカーラーを外し、トップの毛束の内側に逆毛を立てる。

2 逆毛を立てたトップの毛束を手でくしゃくしゃともみこみ、ハードスプレーでキープする。

上＝モデル／佐藤理紗　上下共に担当／EMBELLIR

arrange **4**

ポンパひとつで
きちんと感プラス

いつものショートも、前髪をポンパドール
にするだけで、簡単にボリュームアップ。

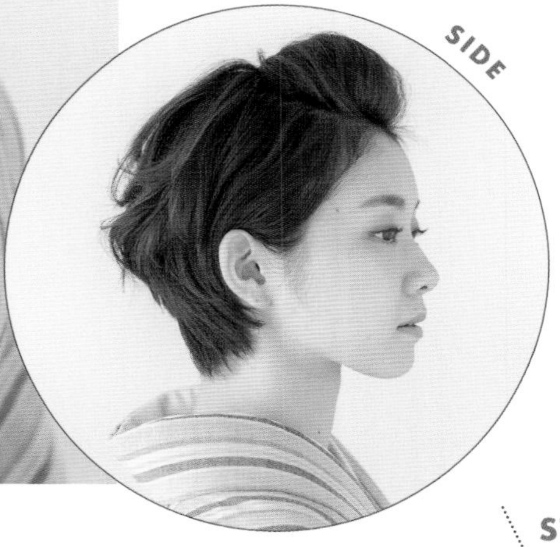

START

全体に逆毛を立てて、手でもみこ
んでラフな毛流れを作る。

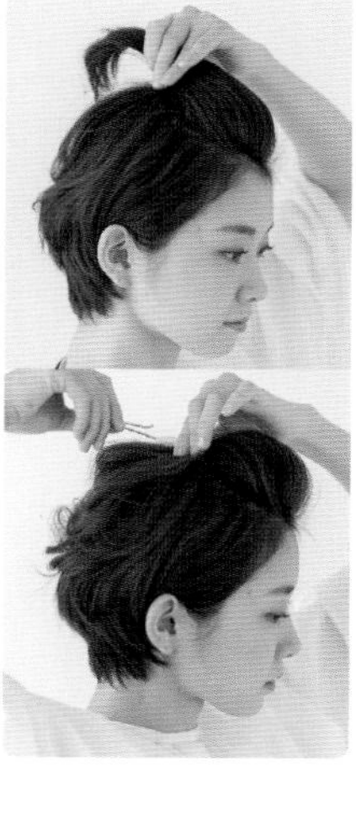

ポンパドールにする

フロントの毛束をラウンドに取って、ね
じって前方に押し出してふくらみをつけ
てポンパドールにし、ピンでとめる。

● Technique ●

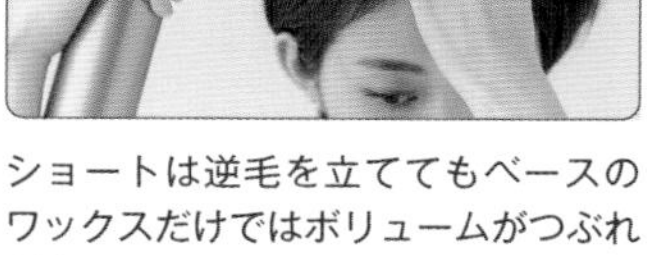

ショートは逆毛を立ててもベースの
ワックスだけではボリュームがつぶれ
がちに。スタイリング中でもハードス
プレーを活用するといいでしょう。

arrange 5

前髪を立ち上げてよそゆきスタイル

いつものボブスタイルも、前髪に立ち上がりをつけるだけで、きちんと感が増して、よそゆきの日の装いにぴったりなスタイルに。

SIDE

START

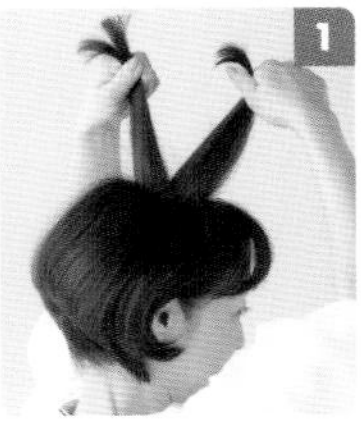

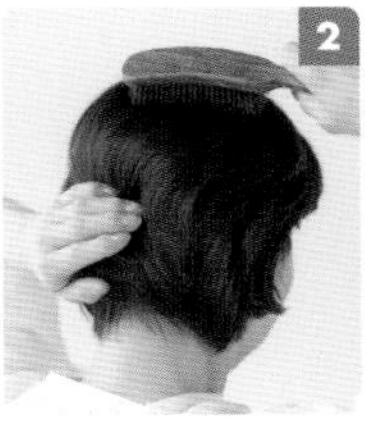

● Technique ●

ワックススプレーを使えばナチュラルな仕上がりに。崩れやすい人はハードスプレーを使っても。

START 衿足を残して、全体をアップステムの根元巻きにし、前髪は流したい方向に寄せて巻く。
1 フロントからバックのセンターにかけて少量ずつ毛束をスライスし、それぞれ逆毛を立てる。
2 逆毛がつぶれないよう、ふくらみを下から支えながらブラシで髪の表面をなでつける。

---

arrange 6

アシンメトリーなアンニュイスタイル

ランダムに巻いた髪を、下からすくいながらツイストにして片側でまとめたアシンメトリーなスタイル。

START

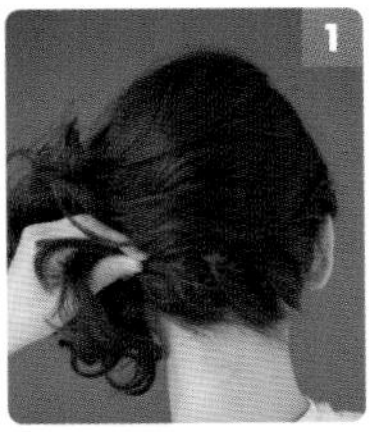

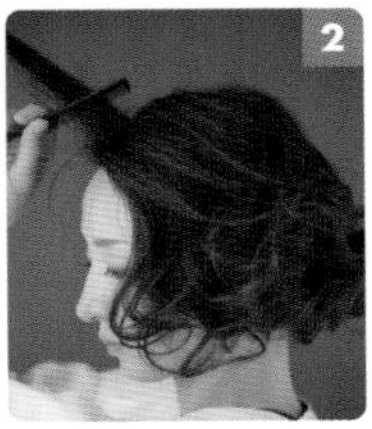

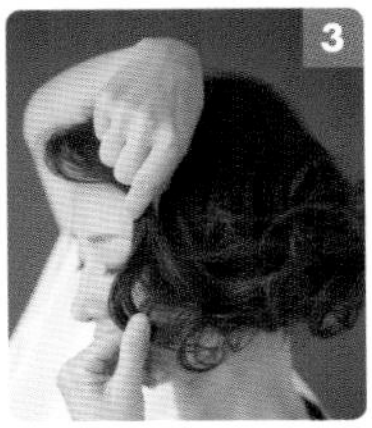

START コテで全体をランダムに巻く。
1 右サイドから衿足の毛を少量ずつすくいながら、逆サイドまでツイストにし、毛先を結んでピンでとめる。
2 残りの毛束を少量ずつ取り、内側に逆毛を立てる。
3 毛束を引き出してボリュームを出しながらバランスよくまとめ、ハードスプレーで形をキープする。

BACK

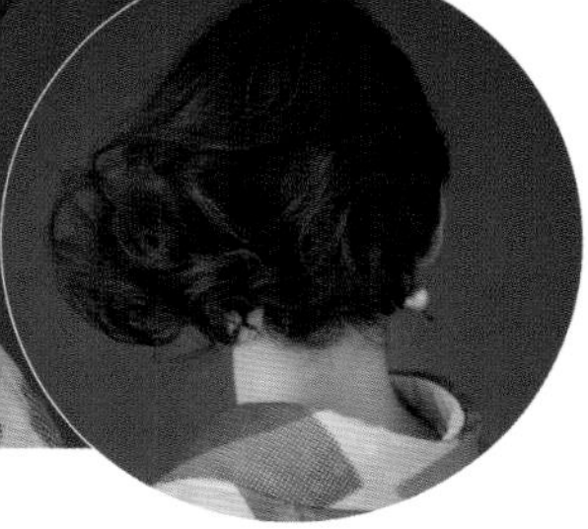

 上=モデル/大戸尚美　上下共に担当/EMBELLIR

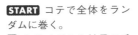

arrange 7

連続くるりんぱで簡単毛流れ

アレンジのしにくいボブでも、くるりんぱを重ねることで、デコラティブな毛流れを作ることができます。

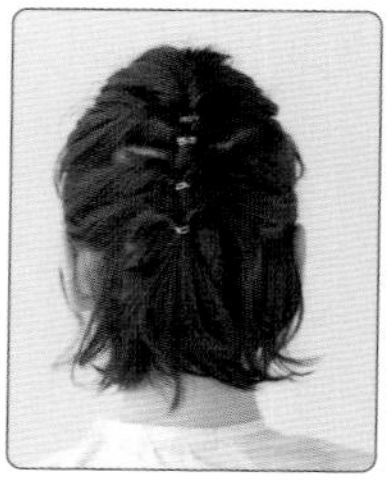

START

衿足と垂らす分のサイドを残して横に４つにブロッキングする。上から順にくるりんぱにし、途中ところどころ毛束を引き出してボリュームを出す。

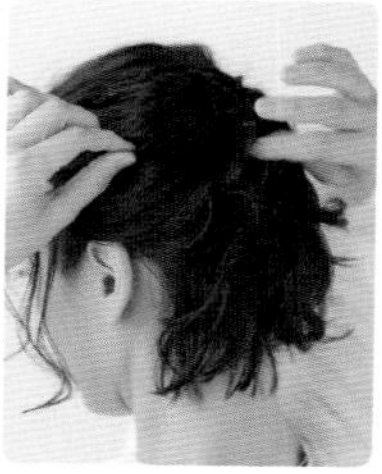

毛束を引き出す

最後に結び目を押さえながらところどころ毛束を引き出して、毛流れを整える。

FRONT

BACK

arrange 8

ルーズシルエットのハーフアップ

短い髪はピンやゴムを隠しにくいですが、飾りにもなるクリップを使えば簡単にスタイリングができます。

START

フロントをマジックカーラーで巻いておく。トップの毛束を少量取り、ふんわりとねじってピンでとめる。

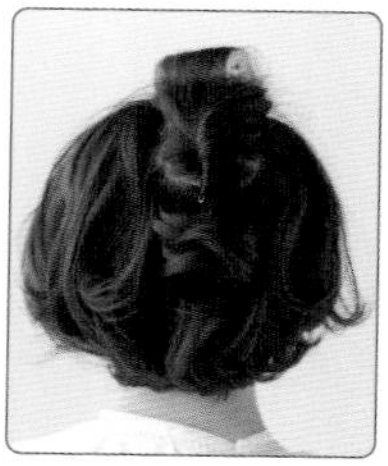

順番にねじる

残りのトップの毛束をねじりながら最初にねじった毛束に合わせてピンでとめる。フロントはふんわりと１回ねじりながらバックに合わせてピンでとめる。両サイドもねじりながらバックに合わせて、ピンを隠すようにクリップでとめる。

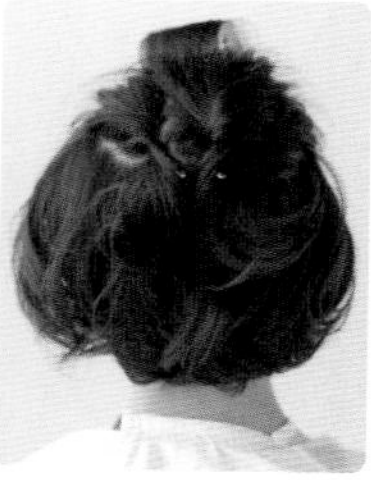

BACK

FRONT

上下共に担当／EMBELLIR

arrange 9

くるりんぱでくせ毛風シルエット

後れ毛を生かしたくるりんぱで、くせ毛風のシルエットに。仕上げに毛先にワックススプレーをもみこむとよりふんわり仕上がります。

FRONT

SIDE

START

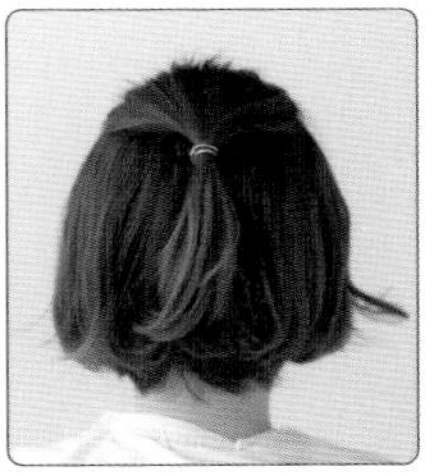

トップをひとつに結ぶ。

毛束を引き出す

トップをくるりんぱにしたら、両サイドをそれぞれねじってバックに合わせてピンでとめる。ところどころ毛束を引き出してふんわりとしたシルエットに整える。

arrange 10

ランダムなカールでドレッシーに装う

方向は統一させず、全体をランダムに巻くことで華やかなカール感とボリューム感を出した、ドレッシーなスタイルです。

FRONT

START

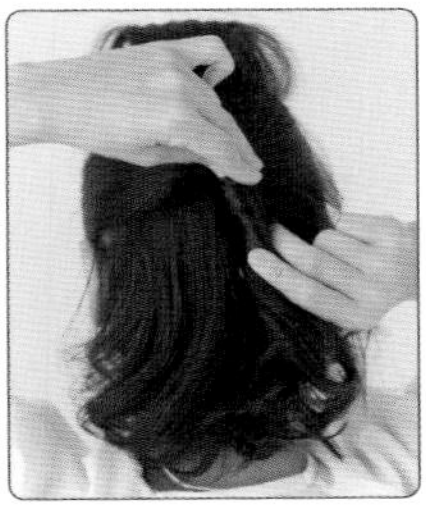

フロントを残してサイドとトップの毛束をバックでねじってピンでとめる。

逆毛を立ててまとめる

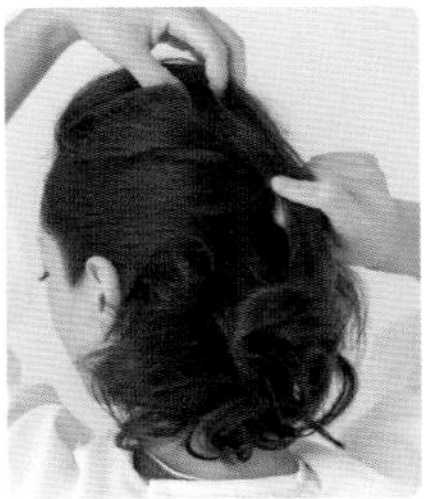

フロントの毛束の内側に少しずつ逆毛を立てて、つぶさないようバックに合わせる。

上＝モデル／渡邉真奈実　上下共に担当／EMBELLIR

衿足が結べる長さがあればできる

ボブヘアのアップスタイル

衿足が結べて
さらにサイドの長さがあるボブスタイルなら、
アップスタイルにすることができます。

SIDE

BACK

arrange 1

アップステムに巻いてかぶせるだけ

下準備の巻きはアップステムに根元からしっかりと巻いておきます。ボリュームを出すため逆毛もしっかりと立てます。

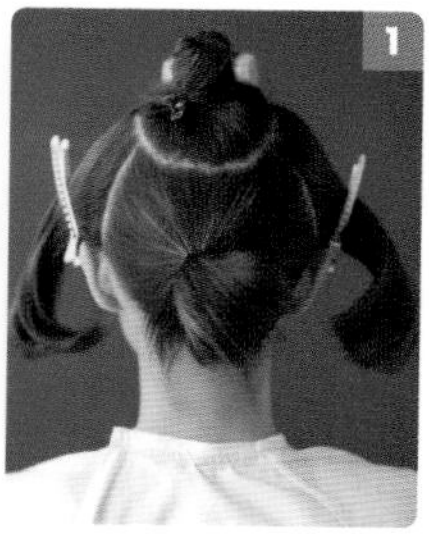

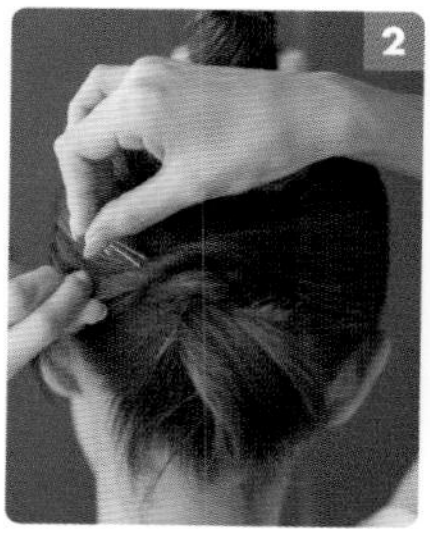

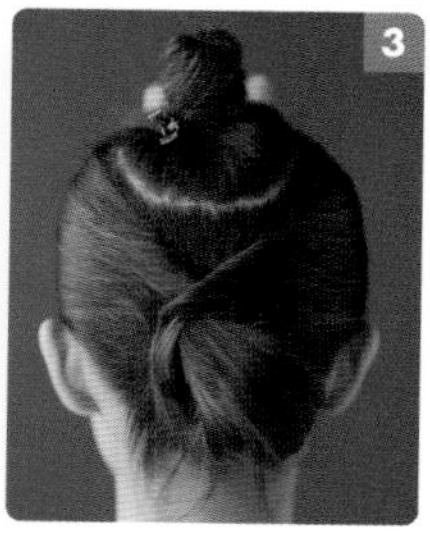

1. 衿足をアップして土台を作る

❶ トップとサイドを残して残りをひとつに結ぶ。
❷ サイドをねじりながら結び目に合わせてアメピンでとめる。
❸ 逆側のサイドもねじり合わせ、左右のサイドがクロスするようアメピンでとめる。
❹ 毛先を丸めて2ヶ所ほどピンでまとめる。ここが土台になる。

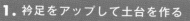

arrange 2

ノーテクニックで簡単アップ

難しいブロッキングも必要なし。毛先を内側に入れ込んで衿足を上げたカジュアルアップです。

START

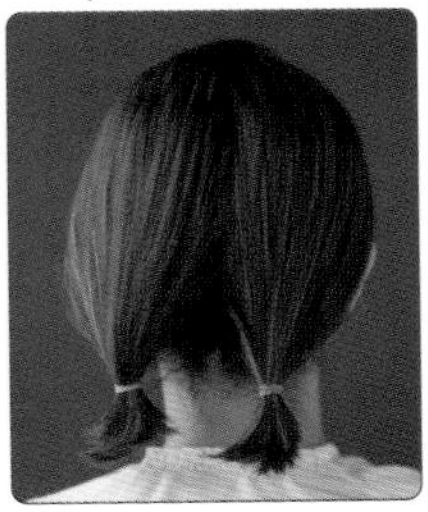

全体を２つに分けて、それぞれ根元から少し離れたところで結ぶ。

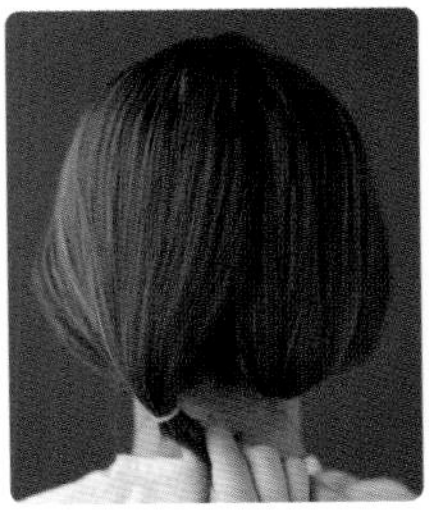

片側ずつ毛束の中央に寄せる。毛先を内側に丸めて入れ込み、結び目と地髪を一緒にピンでとめる。分け目が見えないよう面を広げて整える。

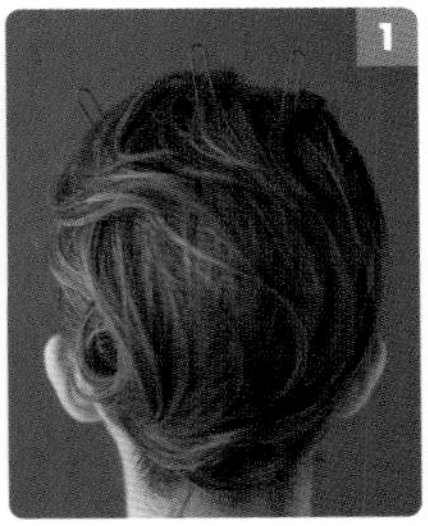

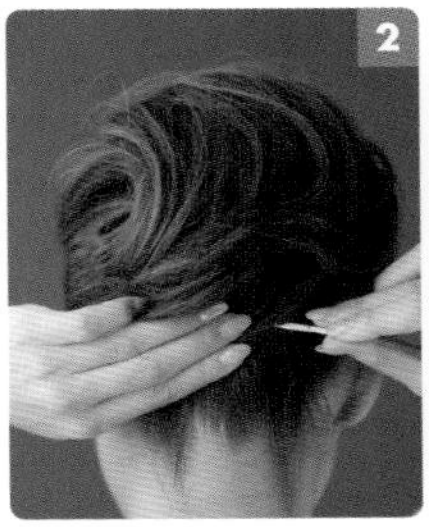

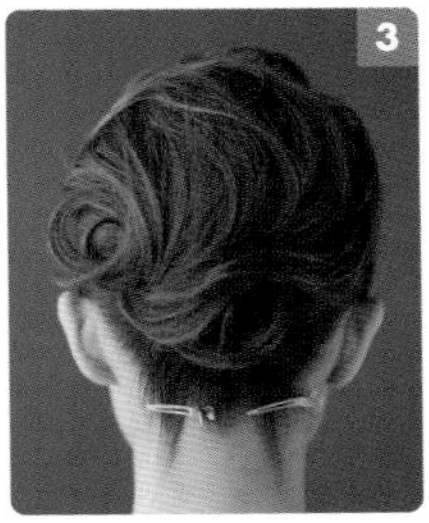

2. トップをかぶせる

1 残っているトップの毛束は、少量ずつスライスして取り、逆毛を立てる。毛流れを生かしながらところどころUピンを挿し、ワックススプレーでキープする。

2 1のUピンを外す。毛先を土台にアメピンでとめる。

3 衿足は後れ毛が落ちてこないようにシングルピンでとめて、スーパーハードスプレーでキープする。最後にシングルピンを外す。

● arrange style ●

毛流れを整えながら髪の表面を艶やかに整え、前髪をサイドに流すとフォーマルなシーンにも合うスタイルになります。

担当／EMBELLIR

時短・簡単
ウイッグアレンジ

地毛をまとめてかぶせるだけで、誰でも簡単にきれいなシニヨンが作れるウイッグアレンジ。時間がないときでも気軽にヘアアレンジできるので、着物がより身近に感じられます。

arrange 1

まとめてかぶせるだけの基本スタイル

もっとも簡単なウイッグアレンジ。
前髪をポンパドールにしたり、
逆毛でボリュームを出すといいでしょう。

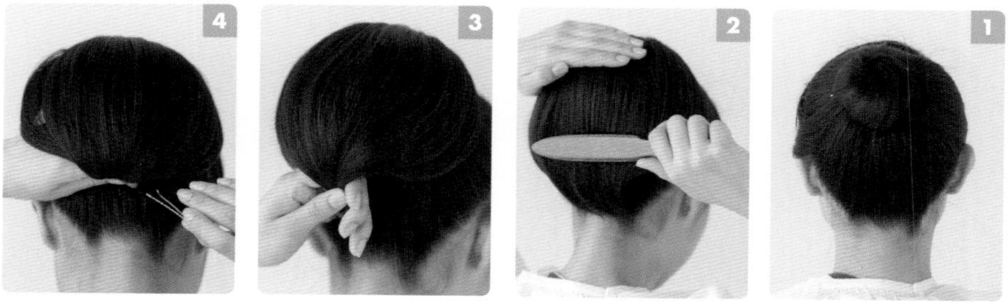

1 前髪を残して、全体を好みの高さでひとつに結ぶ。できるだけ小さくまとめてウイッグをのせる土台を作る。
2 土台にウイッグをのせる。上下のクリップをしっかりととめる。ウイッグを軽く押さえながら、ブラシで表面をきれいに整える。
3 あらかじめ結んでおいたウイッグの毛先を内側にくるりと入れて、シニヨンの形を整える。
4 何ヶ所かピンでとめて、形を整える。前髪をバックに運んでピンでとめる。

arrange 2

ブロッキングすることで プロの仕上がりに

髪の長さがある人は、
ブロッキングしてスタイリングすることで
本格的なプロのアレンジになります。

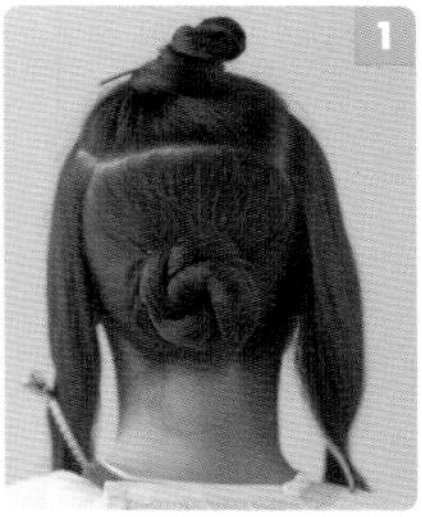

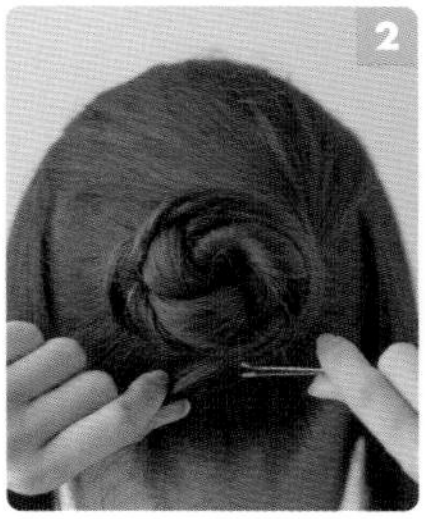

1 バックを低い位置でひとつに結ぶ。できるだけ小さくなるよう毛束をねじって丸め、ウイッグをのせる土台を作る。
2 トップの内側に逆毛を立ててボリュームを出し、土台に巻きつけピンでとめる。
3 あらかじめ毛先を結んだウイッグを土台にのせる。クリップをとめたら毛先を内側に巻き込みシニヨンにする。
4 サイドをそれぞれ三つ編みにして、ウイッグの上側に沿わせて巻きつける。毛先は隠れるようにピンでとめる。

● Technique ●

毛先の処理が楽になるプロの技

シニヨン型のウイッグは、あらかじめウイッグの毛先をゴムで結んでおきます。こうすることで毛先がばらつくことがなく、きれいにまとまります。最後に毛先を内側に丸めてピンでとめる作業も楽になるのでおすすめです。

 担当／EMBELLIR

巻く
ワックス
ブラッシング

セルフアレンジを成功させるための
3つの下準備

スタイリングでもっとも大切なのは下準備。ここで紹介する3つの下準備をすることで、セルフアレンジが劇的にうまくできるようになります。

用意するのはこの3つ

ブラシ

ワックス
（クリームタイプ）

ホットカーラー

or

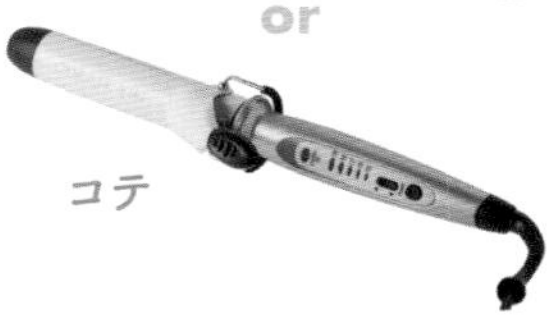

コテ

step 1

巻く

巻くことにより髪にカーブラインができ、セットアップしてもらうような優雅なラインを自分で作ることができます。またシニヨンなどのまとめ髪も、きれいに作ることができます。

フェイス周りはリバース巻き、衿足は上に向けて巻く。こうすることでアップに結い上げやすくなる。巻き方は、毛先を外してカーラーに巻きつけてから、カーラーは固定したままクルクルと毛先を巻きつける。毛先まで巻き込んだらカーラーを根元まで巻き上げる。

前髪を流したいときは流したい方向に巻く

前髪を流したい場合は、スタイリングしている最中に巻きます。毛流れを作りたい方向に巻き、外すときは流したい方向に外します。

step 2

ワックスをつける

クリームタイプのワックスを全体にもみこむことで、髪についたカールの持続力が強まります。また毛束同士がくっつくためまとまりやすくなり、スタイリングがしやすくなります。

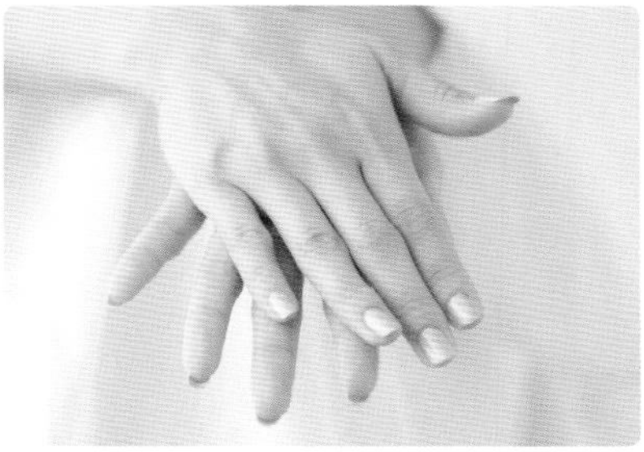

手のひらになじませる

ロングであれば人さし指の第一関節くらいを目安にワックスを取り、手のひらによくなじませる。

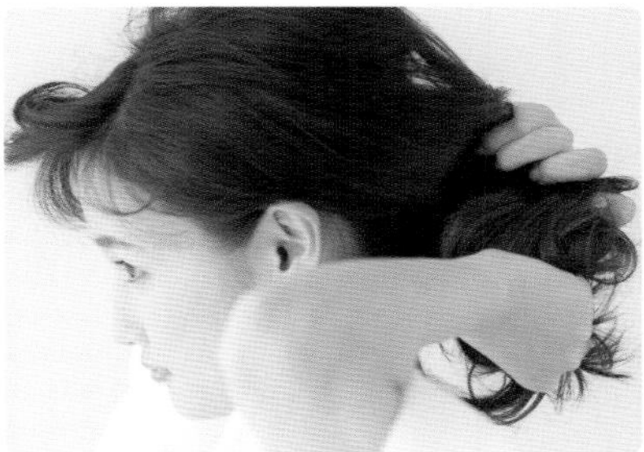

地肌をさけてもみこむ

髪全体にワックスが行き渡るよう、毛先までよくもみこむ。ただし、絶対に地肌にはつけないこと。

もみあげと衿足になでつける

最後にもみあげと衿足にワックスをなでつける。これにより後れ毛が出るのを防ぐ。

step 3

ブラッシングする

ワックスをつけたらブラッシングします。根元から毛先までしっかりと全体をブラッシングすることで毛と毛がからみやすくなります。

スタイリングしたい方向にブラッシングする

スタイリングしたい方向にとかすことで毛流れが整い、まとめやすくなる。

3つの下準備を行うことで、一見難しそうな美しい毛流れも簡単に作ることができます。

セルフヘアセットお悩みQ&A

Q 和髪にすると年齢よりも上に見られます

A 地肌が見えていると老けて見えがちに

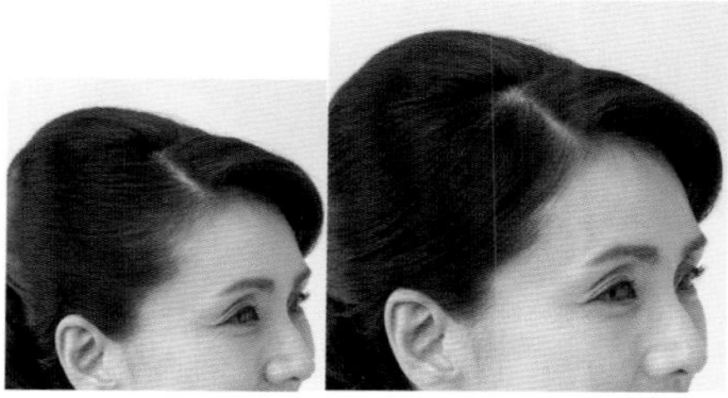

サイドの髪をバックに持っていくと地肌が見えて髪が薄く見え、そのため老けて見えることも。タイトに持っていかず、生え際を隠すだけで若々しい印象になります。

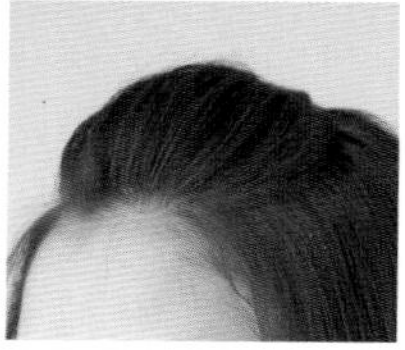

ポンパドールにする場合など、まっすぐ分け目を取ると地肌が見えがちに。ラウンドに分け目を取ると地肌が見えなくなります。ジグザグに分け目を取るのも地肌隠しに効果的です。

Q アップにすると野暮ったく見えてしまいます

A もみあげと衿足の後れ毛は清潔感に欠ける印象になることも

同じ髪型でも後れ毛があるだけで老けて見えたり、場合によっては清潔感に欠ける印象になることも。ワックスやハードスプレーでキープするほか、後れ毛用のワックスを使うのもおすすめです。

Q 巻いてもぺたんとしてしまいます。

A 逆毛を立てることでボリュームを出せます

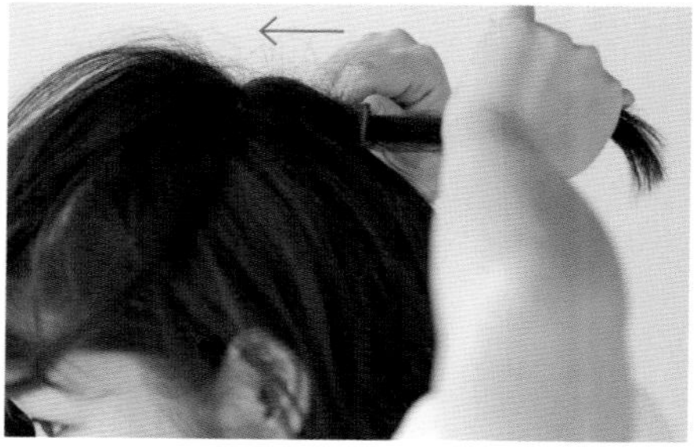

薄くスライスして髪量に応じて角度を変える

髪が多い人は後方45度、少ない人は前方45度に傾けて逆毛を立てます。一回の量は少しずつ。逆毛を立てるのは後ろ側です。

ボリュームの出にくい場合は前後に逆毛を立てる

髪量が少ない場合や、ボブやショートの場合、内側に隠れる毛束に逆毛を立てるとき、前後に逆毛を立てるとボリュームがキープできます。

基本の逆毛の立て方

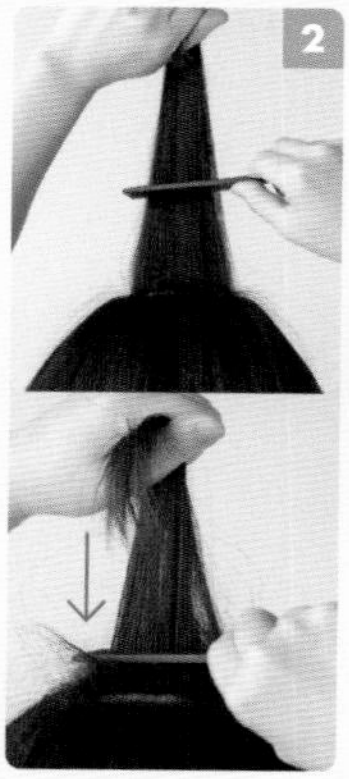

1 逆毛が取れやすい人はワックススプレー、もしくはスーパーハードスプレーをかけてから逆毛を立てる。

2 逆毛を立てたい毛束の後ろ側、根元から離れたところにコームを当てる。コームを根元まで下ろして逆毛を立てる。

PART

3

シックに見せたい

フォーマルな日の髪型

きちんとしているけどお洒落にも見える。
そんなシックなスタイルが今どきの着物スタイル。
ここでは４つのシックに雰囲気を分けてご紹介。
プロセスつきなのでセルフアレンジにもチャレンジしてみてください。

モダンシック・フォーマル

上品で落ち着いた雰囲気の中に、
都会的で洗練された印象を与えるフォーマルスタイル。
パーティーシーンにも合う華やかなスタイルです。

担当／山﨑伊久江美容室

arrange 1

艶やかな面とボリュームで 360度美人スタイル

艶やかな面でボリューミーにまとめたスタイル。シンプルなのに華やかな、ドレッシーな印象です。

FRONT

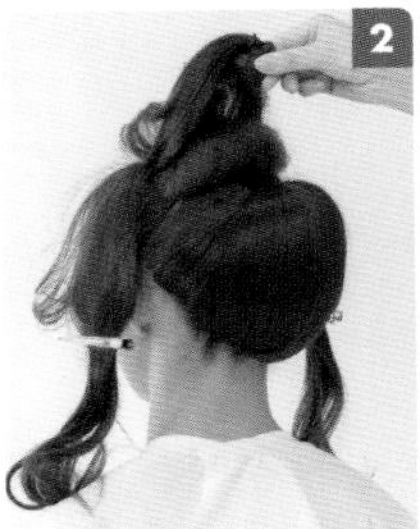

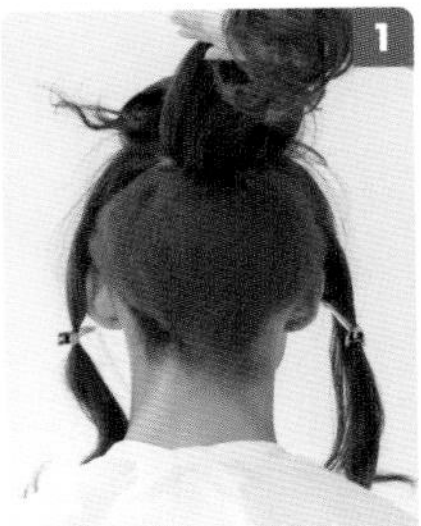

BASE

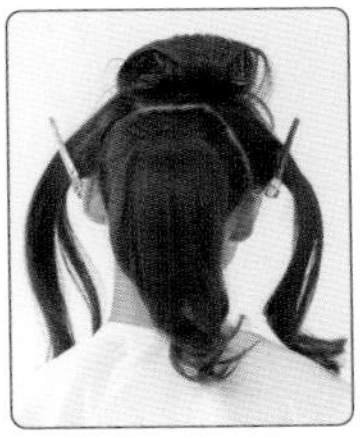

両サイドとトップを残し、バックを高い位置で結ぶ。

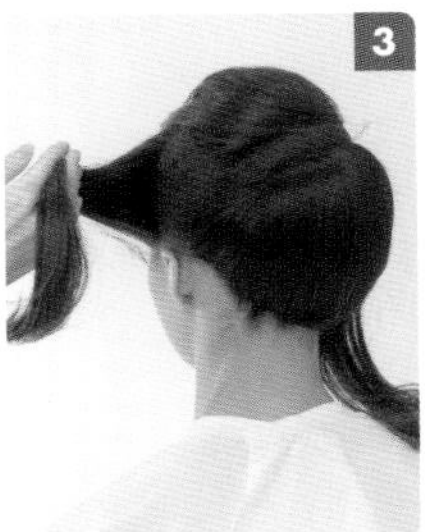

❶ ひとつに結んだバックの結び目の下に、逆三角形に形作ったすき毛をおく。毛束をすき毛にかぶせ下ろして髷を作る。
❷ トップは根元から10cmほど離れたところでひとつに結ぶ。すき毛をおき、トップの毛束をかぶせ下ろす。毛先は髷の中にしまう。
❸ 両サイドもそれぞれ内側にすき毛を入れる。すき毛にサイドの毛束をかぶせたらそのまま髷に沿わせてピンでとめる。

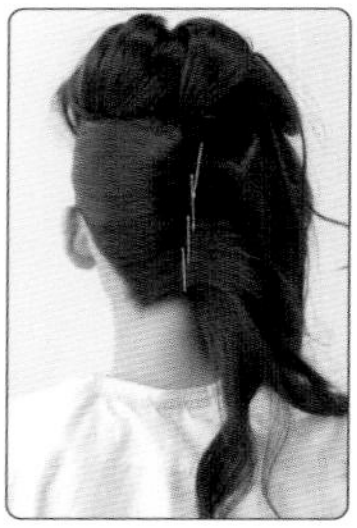

BASE

中央を逆三角形に取って根を作る。バックを右サイドに寄せ、少しずつピンをずらしながら挿して夜会巻きのベースを作る。

1 ピンの上に縦長のすき毛をのせる。頭から離したところで一度引きながらとかし、衿足にテンションをかけながらすき毛を巻き込む。
2 トップは逆毛を立てて、和ぐしを使って2段階に分けて仕上げる。1段目は毛先を丸めてトップのすき間を埋める。2段目は前髪を整えながら毛束を広げて面を作る。

point!

すき毛にいきなりとかし上げると崩れやすくなり、毛流れも整いません。まずは一度引きながらとかして衿足にテンションをかけます。

arrange **2**

ていねいな面作りが決め手のゴージャスな夜会巻き

シンプルだからこそテクニックが光る夜会巻き。衿足とサイドがたゆまないよう作ります。

FRONT

SIDE
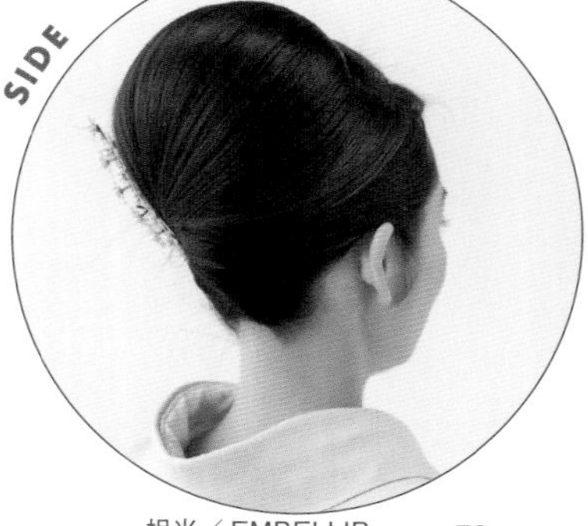

担当／EMBELLIR

arrange 3

パーティーには遊び心を加えて華やかに装う

ハイトップでまとめたスタイルに、カチューシャをプラスした華やかなパーティースタイル。

1

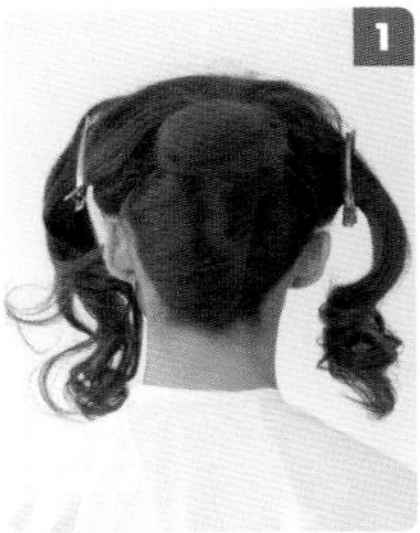

BASE

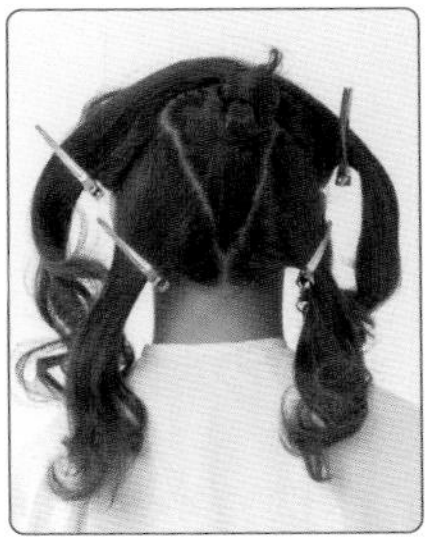

3

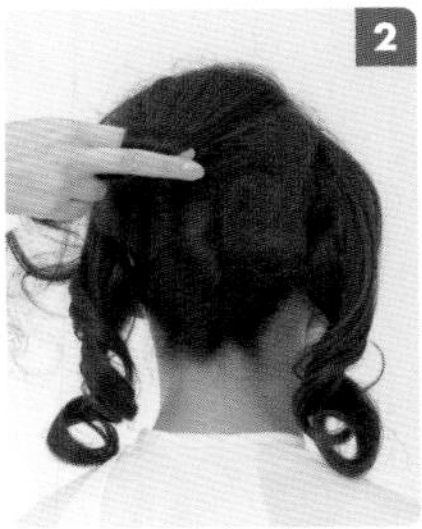

2

BASE センターをひとつに結んで根を作る。トップとサイドは合わせて2つに分け、バックも2つに分ける。

1 根の下にすき毛をのせる。2つに分けたバックをそれぞれすき毛にかぶせて抱き合わせの夜会巻きにする。その上にすき毛をのせる。

2 カチューシャをつけて、トップとサイドを少量ずつ毛流れをつけながらバックのすき毛にかぶせる。

3 毛先はカール感を生かしながらニュアンスをつけ、ピンでとめる。

BACK

SIDE

担当／山﨑伊久江美容室

arrange 4

髷を毛束で彩った デザイン性高めスタイル

アンダーセクションに作った2つの髷の輪郭に毛束で彩りをプラスしたデザイン性の高いスタイルです。

BASE

サイドとトップを残して残りを斜めに分ける。それぞれ低い位置でひとつに結ぶ。

2

1

❶ 結んだ毛束ですき毛を巻いて髷を2つ作る。サイドの毛束を髷に巻きつけてピンでとめる。
❷ トップはボリュームを控えめにし、軽くねじりながら髷に沿わせて毛先を隠すようにピンでとめる。

SIDE

FRONT

arrange 5

フィンガーウエーブで デコラティブシルエット

シンプルな夜会巻きに、フィンガーウエーブを足してデコラティブなシルエットを作ります。

BASE

1

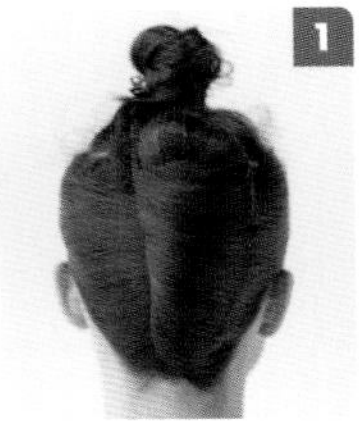

2

FRONT

SIDE

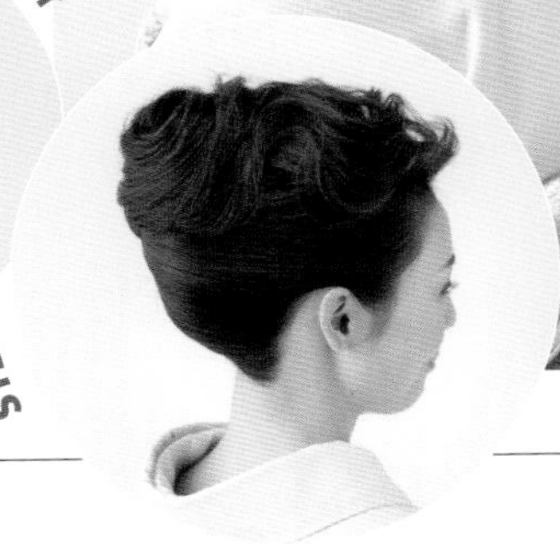

BASE 中央をひとつに結んで、根を作る。

1 左の毛束を根に合わせたらすき毛をおき、右の毛束を巻き込んで夜会巻きにする。

2 トップの毛束はバックに合わせ、ウェーブをつけたいラインをウェーブクリップではさんでクセをつける。ところどころピンでとめて形を整える。

arrange 6

すき毛を使った ボブ風シルエット

大きなすき毛に地毛をかぶせてまるでボブのようなスタイルに。すき毛のかたさはスポンジくらいが目安です。

BASE

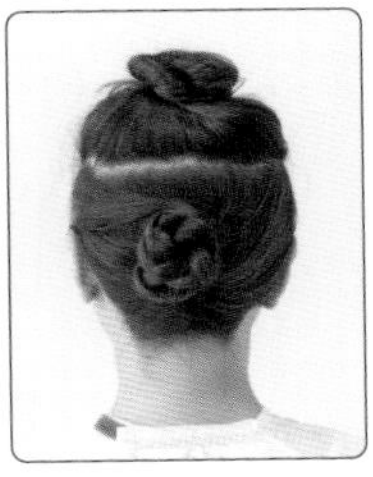

1

2

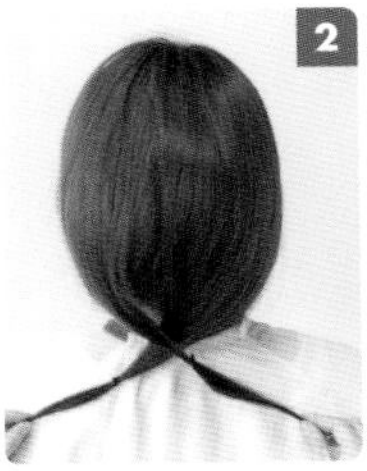

BACK

BASE トップとサイドを残して、バックをひとつに結んで根を作る。サイドをそれぞれ根に合わせる。

1 大きく形作ったすき毛を、アシンメトリーになるよう斜めに根の上におく。

2 トップは逆毛を立て、面をきれいにして2つに分け、それぞれゆるめに結んで交差するようにすき毛を包み込み、毛先は衿足でピンでとめる。

下＝モデル／伊藤 玲　上下共に担当／EMBELLIR

arrange 7

カールで仕上げることでやわらかな印象に

土台はあまり高く作らず、カールで高さとボリュームを出すことで、やわらかな印象に仕上がります。

FRONT

SIDE

BASE

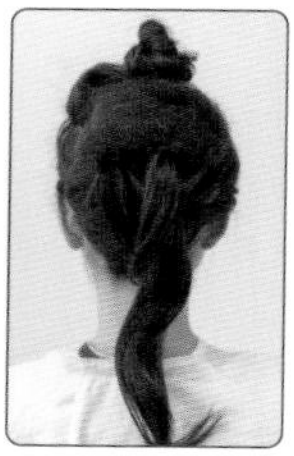

1

2

BASE バックは抱き合わせでまとめて根にする。サイドも根に集めてピンでとめ、土台の上に小さなすき毛をおく。

1 バックの毛束はツイストにし、ところどころ毛束を引き出してすき毛の下でピンでとめる。

2 トップは3つくらいに分けて、それぞれツイストにし、毛束を引き出してすき毛の上にふんわりと巻きつけてピンでとめる。

arrange 8

タイト＆ボリューミーのマリアージュ

コンパクトなシニヨンと、高さを出したトップのコントラストがお洒落なスタイル。耳隠しで優しい印象をプラス。

BASE

中央に根を作る。

1

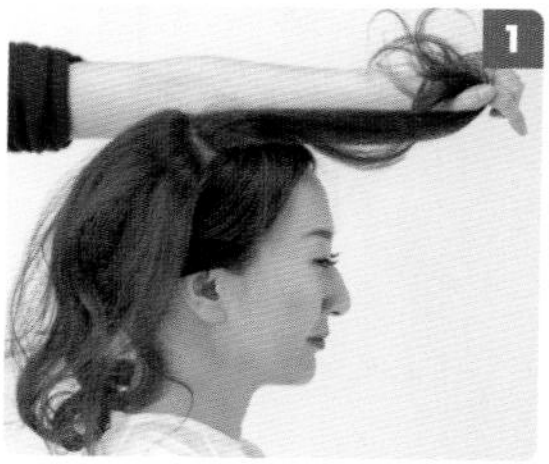

2

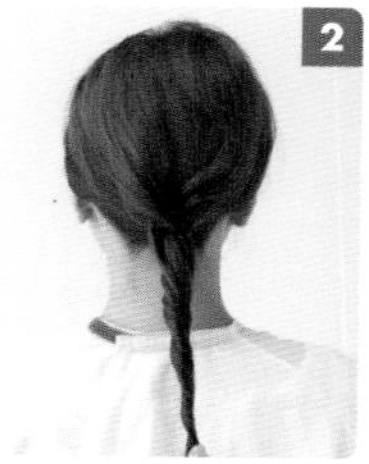

1 両サイドは耳を隠すようにふんわりと根に合わせる。トップの毛束は前方に倒し、根元3cmくらいに逆毛を立てて、しっかりとボリュームを出す。

2 ボリュームがつぶれないようトップを根にかぶせ下ろし、バックの毛束と一緒にきつめにツイストしてから小さなシニヨンを作る。

BACK

FRONT

上＝モデル／福元清香　上下共に担当／EMBELLIR

arrange 9

艶感ある面が主役のシンプルスタイル

ツヤツヤに面を整えた大きな髷が主役のスタイルです。着物とのバランスを見ながら髷の大きさは調整しましょう。

BASE

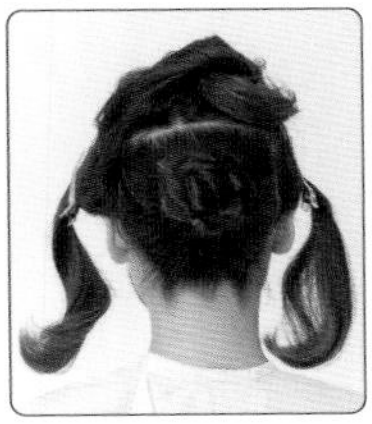

1

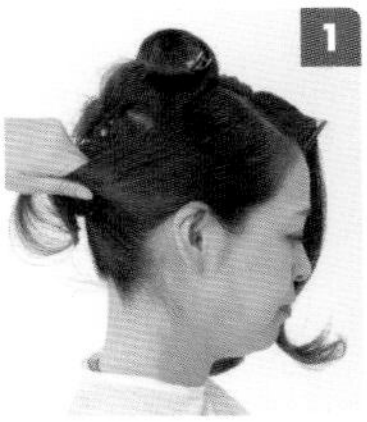

2

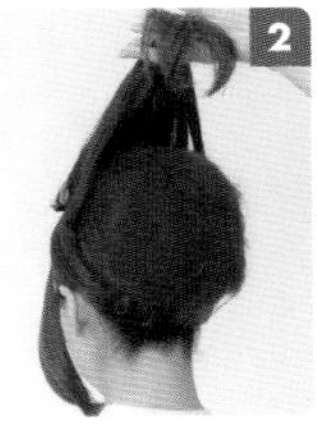

SIDE

BACK

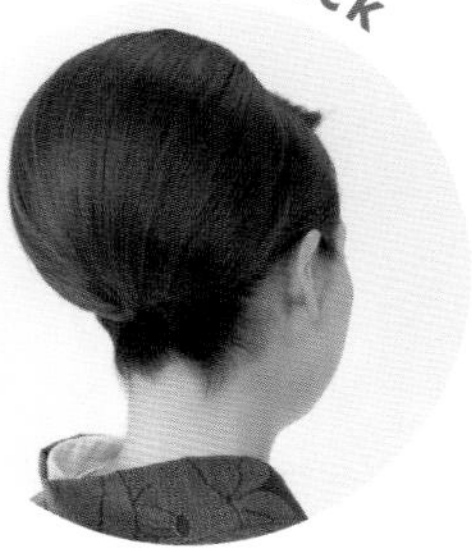

BASE トップとサイドを残して、バックは三つ編みにして根を作る。

1 サイドはそれぞれねじりながら根に合わせてピンでとめる。

2 根の上に大きく丸めたすき毛をのせる。トップの面を整えてすき毛にかぶせ、艶やかな髷を作る。

arrange 10

奥行き感のある横顔美人シルエット

少量ずつ取った毛束をねじってとめながら立体感のあるシルエットを作った、毛流れの美しいスタイルです。

ねじってとめ、ねじってとめを3回くらい繰り返してシルエットを作っていく。

BASE

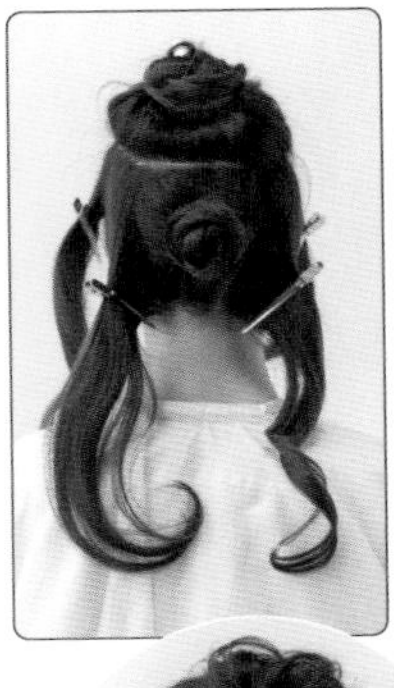

中央に根を取り、すき毛をのせてから抱き合わせでバックをまとめる。両サイドはツイストして毛束を引き出しながらバックに合わせる。

SIDE

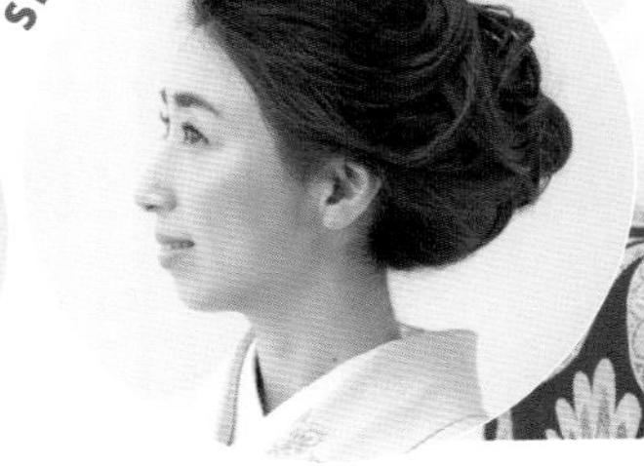

FRONT

上＝担当／山﨑伊久江美容室　下＝担当／EMBELLIR

レトロシック・フォーマル

古典的なスタイルを品よくお洒落に現代風にアレンジしたレトロシックスタイル。
古典柄の着物との相性もばっちりです。

担当／EMBELLIR

arrange **1**

毛先はあえて遊ばせず 艶やかな面で品よく仕上げる

面をきれいに整えながら、ていねいに仕上げることで品よくまとまります。トップの毛の長さがある方におすすめです。

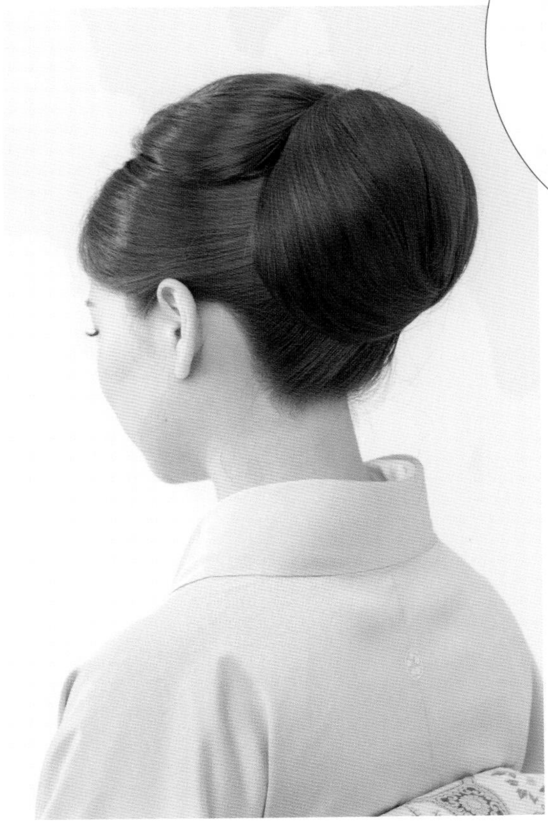

BASE

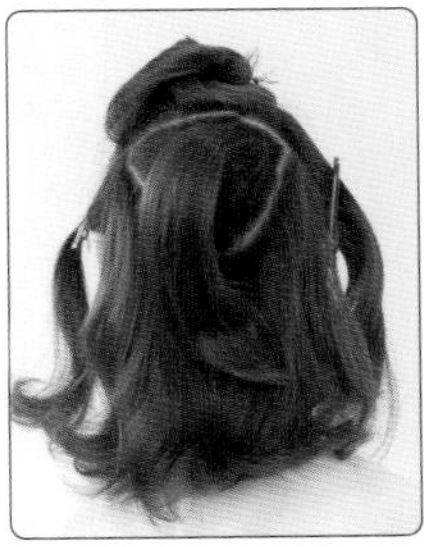

両サイドとトップを残し、バックを高い位置で結ぶ。

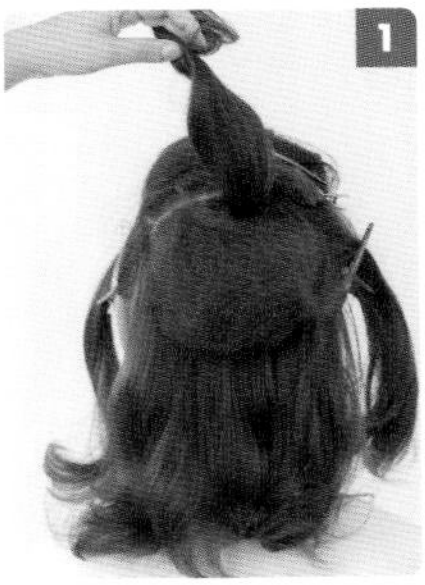

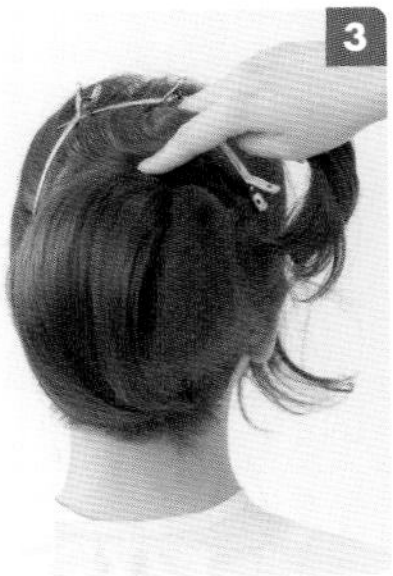

1 ひとつに結んだバックの結び目の下に、逆三角形に形作ったすき毛をおく。毛束をすき毛にかぶせ下ろして髷を作る。
2 トップは根元から10㎝ほど離れたところでひとつに結ぶ。すき毛をおき、トップの毛束をかぶせ下ろす。毛先は髷の中にしまう。
3 両サイドもそれぞれ内側にすき毛を入れる。すき毛にサイドの毛束をかぶせたらそのまま髷に沿わせてピンでとめる。

arrange **2**

毛流れの美しさで見せる王道スタイル

毛流れで優雅な動きをつけるだけで、きちんとしたスタイルも途端に華やかさを増します。スプレーでしっかりキープします。

1

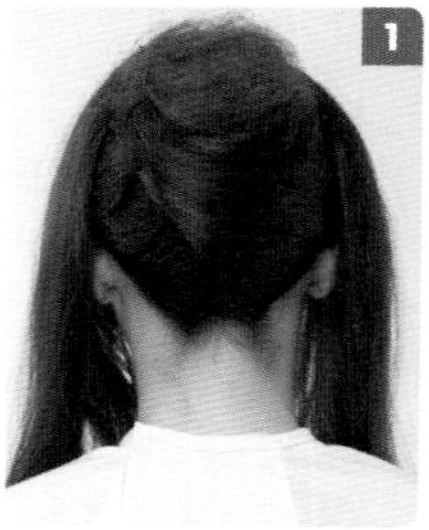

BASE

3

2

BASE センターをひとつに結んでから三つ編みにしてまとめ、根を作る。

1 2つに分けたバックをそれぞれ根に合わせて夜会巻き風にまとめる。毛先をまとめた上にすき毛をのせる。

2 トップは毛流れを作りながらUピンでとめてスプレーで毛流れをキープする。

3 シングルピンで面を押さえながら、少量ずつ毛束を取り、毛流れを作ってUピンでとめてから、何ヶ所かピンでとめる。

SIDE

FRONT

arrange 3

ボリューム加減が大事 シンプルなまとめ髪

シンプルだからこそボリューム加減が仕上がりを左右します。サイドのふくらみがありすぎると野暮な雰囲気に。

BASE

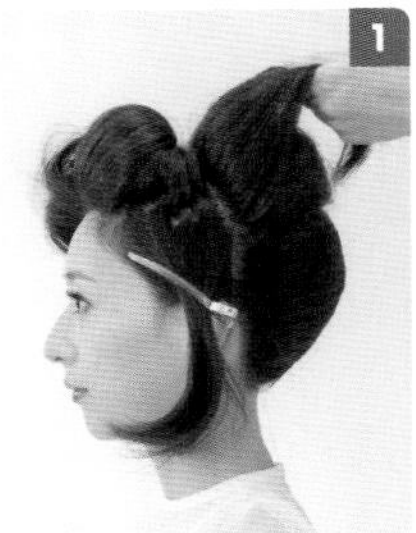

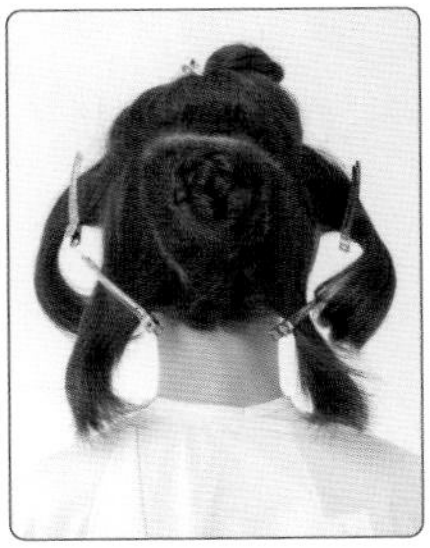

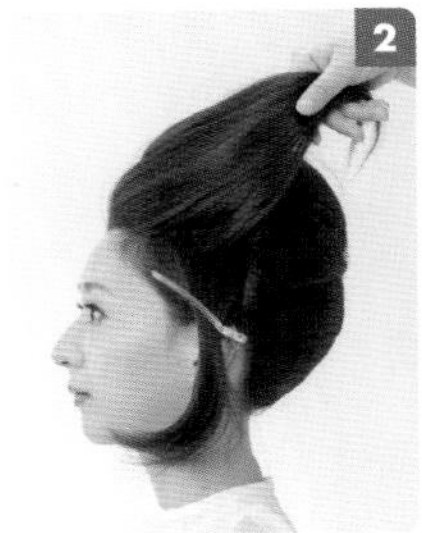

SIDE

BACK

BASE センターをひとつに結んで三つ編みにし、まとめて根を作る。
1 2つに分けたバックを抱き合わせで根に合わせで結い上げて、頂点にすき毛をのせる。トップの毛束を薄く取り、逆毛を立ててからすき毛にかぶせる。
2 残りのトップにも逆毛を立てて、立ち上がりをつけながら毛流れを作ってバックに合わせてピンでとめる。
3 サイドにも逆毛を立てる。ボリュームを調整しながらバックに合わせてピンでとめる。

　担当／山﨑伊久江美容室

arrange 4

たっぷりシニヨンで リッチ＆ゴージャス

大きな艶やかな髷と美しい毛流れが織りなすゴージャスなスタイル。ラインの作り方で表情が変わってきます。

BACK

FRONT

BASE

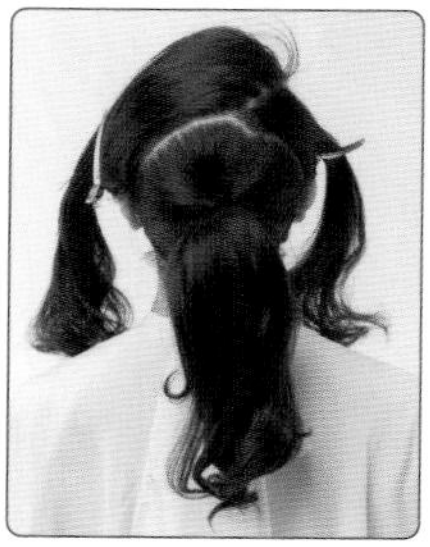

フロントトップはヘビーサイドで分け、それぞれサイドと合わせる。バックは低い位置でひとつに結んで根を作る。

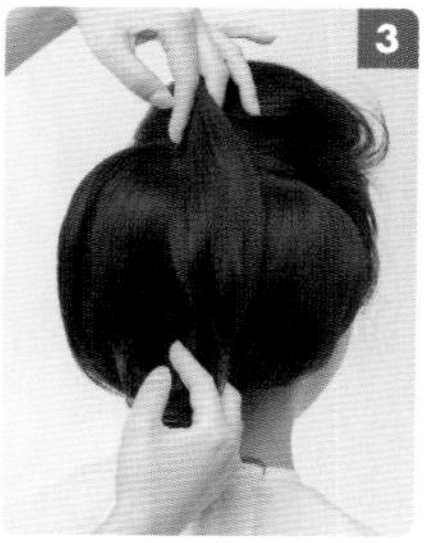

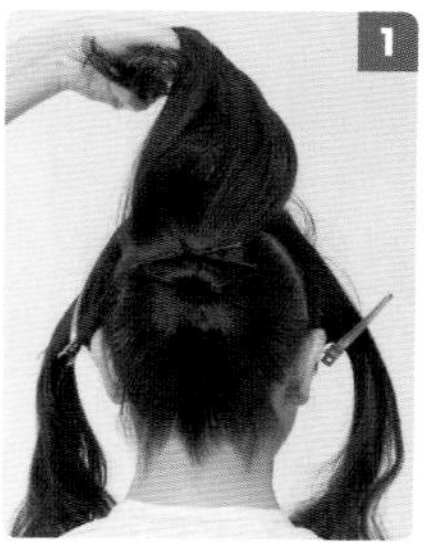

1 根の毛束を上げて、ピンで平打ちして立ち上がりをつける。下に大きなすき毛をのせて大きな髷を作る。
2 少ない側のフロントトップとサイドを面を整えながら髷に沿わせ、毛先を隠してピンでとめる。
3 逆側も毛流れを作りながら髷に沿わせ、毛先を隠してピンでとめる。

担当／山﨑伊久江美容室

SIDE

BACK

arrange 5

下準備のカールを生かしたエレガンスライン

結い上げた髷に毛束をかぶせるだけ。下準備でしっかり巻き、さらにワックスをつけておくことで美しい毛流れが生まれます。

2

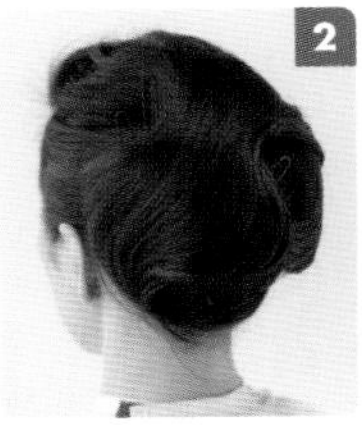

1

BASE

BASE 中央に根を作り、すき毛をのせたらバックの毛束をすき毛にかぶせ上げてピンでとめる。

1 かぶせ上げたバックの毛束の毛先は、指の腹を使い、流したい方向に毛先を運んで毛流れを作る。

2 トップの毛束はオニピンで仮どめをしながら毛流れを作り、形が決まったらアメピンでとめる。

レトロシック・フォーマル

arrange 6

バランスが重要 束髪の現代アレンジ

束髪を現代風にアレンジしたスタイル。たぼの張りや大きさは、その人の顔型や大きさに似合わせることが大切です

FRONT

2

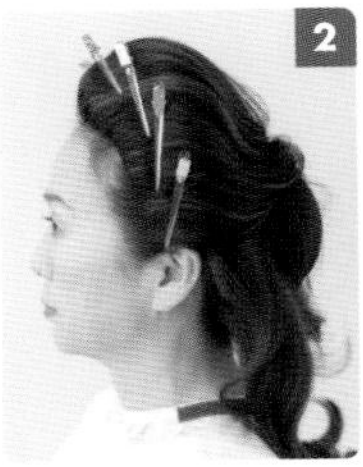

1

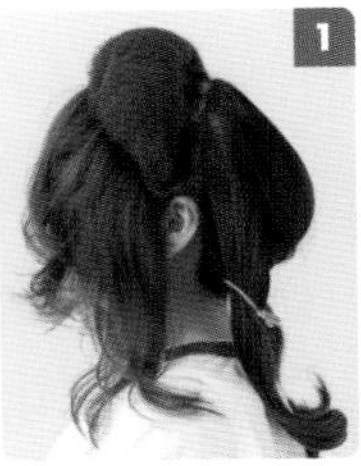

BASE

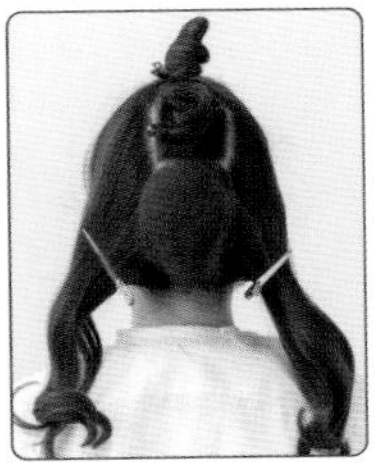

BACK

BASE イヤーツーイヤーから前を分け、残りはミドルとアンダーに分ける。アンダーは3つに分けて真ん中に根を作る。すき毛を根におき、ミドルの毛束をかぶせ下ろす。

1 イヤーツーイヤーより前の髪に逆毛を立ててから、フェイスラインギリギリにすき毛をおく。

2 すき毛に毛束をかぶせ、面をきれいに整えてから束髪を作る。バックの毛束は抱き合わせでまとめる。

　下＝モデル／光田 愛　上下共に担当／EMBELLIR

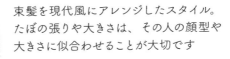

arrange 7

ローウエイトシニヨンで艶やかに見せる

毛流れの美しさが際立つローウエイトシニヨン。豪華な訪問着に合わせたい艶やかなクラシカルスタイルです。

BACK

SIDE

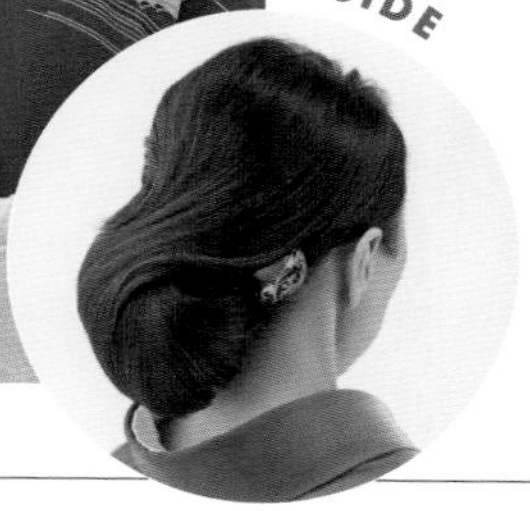

BASE

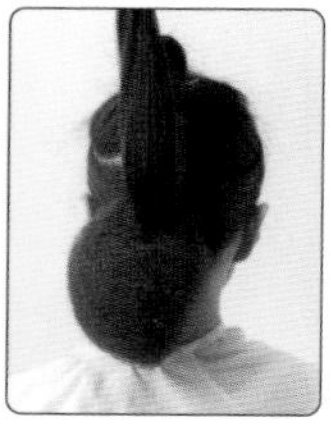

1

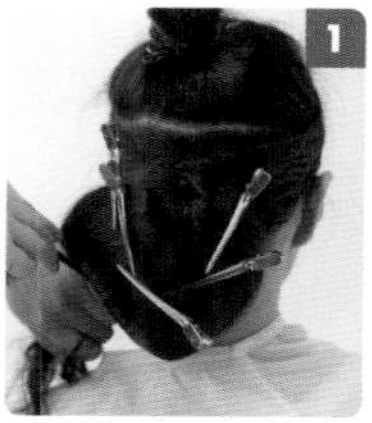

2

BASE バックの毛束をひとつに結んで根を作り、両サイドの毛束を合わせる。根の下に逆三角形の大きなすき毛をおく。

1 バックとサイドの毛束をすき毛にかぶせ、面を広げながら大きな髷を作る。

2 トップの毛束は逆毛を立てず、毛流れを作りながらバックにまとめる。

arrange 8

個性際立つツイストロール

大きなツイストロールのスタイル。ロールは大きすぎると粋な印象になるので、着物とのバランスで調整しましょう。

BASE

1

2

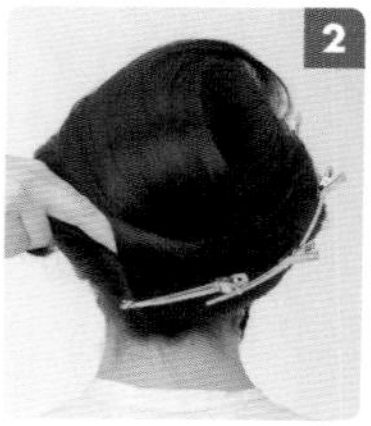

BASE 中央をひとつに結んで三つ編みにし、根を作る。

1 トップを根にかぶせ下ろしてピンでとめる。細長いすき毛を2本用意し、1本を衿足に沿わせるようにバックの片側にのせる。

2 毛束をツイストさせてすき毛をくるみながらロールを作り、毛先は隠してピンでとめる。逆側も同様にロールを作る。

SIDE

BACK

上＝担当／EMBELLIR　下＝担当／山﨑伊久江美容室

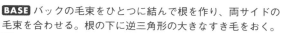

arrange 9

着物を引き立てる クラシカルスタイル

高さのあるスタイルが、着物姿を引き立てます。衿足にもボリュームがあり大人の色香漂うスタイルです。

BASE

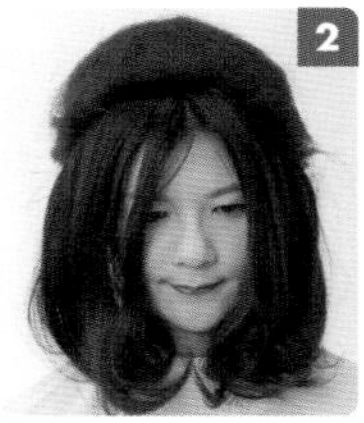

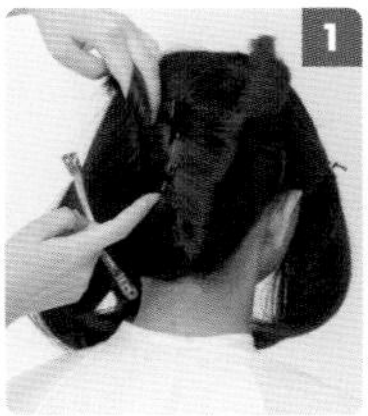

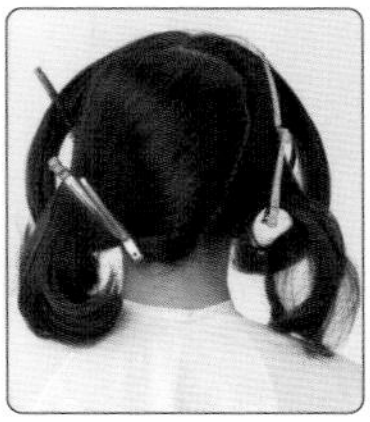

SIDE

SIDE

BASE バックは片側が多くなるよう斜めに分ける。
1 少なく取った側にすき毛をのせて、毛束をかぶせて平打ちにする。
2 アーチ形のすき毛をハイトップにのせて、フロントトップの毛束をかぶせて形を整える。バックは夜会巻きに仕上げる。

BACK

arrange 10

控えめなボリュームでスタイリッシュに

クラシカルなボリュームヘアを、あえてやや小ぶりに作ることで、スタイリッシュなイメージに仕上がります。

BASE

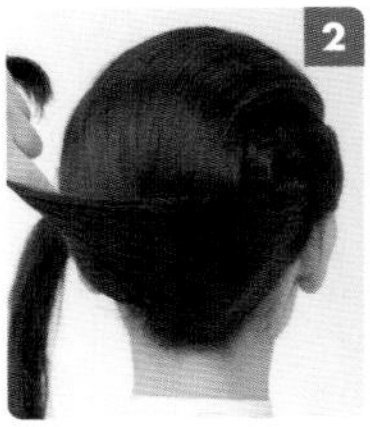

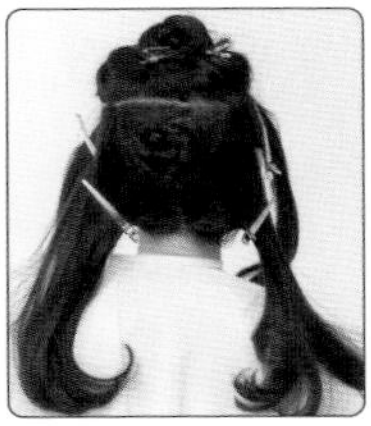

SIDE

BASE 中央をひとつに結んで三つ編みにしてまとめ、根を作る。
1 トップの毛束にすき毛を入れて、左に毛流れを作りながら左側のネープにまとめ、ピンでとめる。
2 右サイドはタイトにねじり上げてバックに合わせ、右側のネープは面を整えながら頭に沿わせ、左サイドはねじり上げてバックに合わせて、それぞれ毛先を隠すようにピンでとめる。

 上下共に担当／山崎伊久江美容室

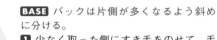

大人シック・フォーマル

品よくきちんとした中にも
キリリとした雰囲気を出した大人シックなスタイル。
洗練されたイメージのスタイルです。

arrange 1

なめらかな曲線を描くような シルエットで優雅に演出

低い位置に作った髷に毛束を沿わせただけのシンプルなシニヨンスタイル。 ていねいな面作りでシルエットを形作ります。

SIDE

1 トップの毛束を少量ずつ取り、逆毛を立ててすき毛にかぶせ、毛先は垂らしたまま結び目の近くでピンでとめる。
2 トップの毛先と一緒にバックの毛束ですき毛を巻く。根元まで巻いたらピンでとめる。
3 **2**の毛束を扇状に広げて左右をピンでとめシニヨンにする。
4 サイドはそれぞれブラシでとかしながらシニヨンに沿わせ、毛先を隠してピンでとめる。

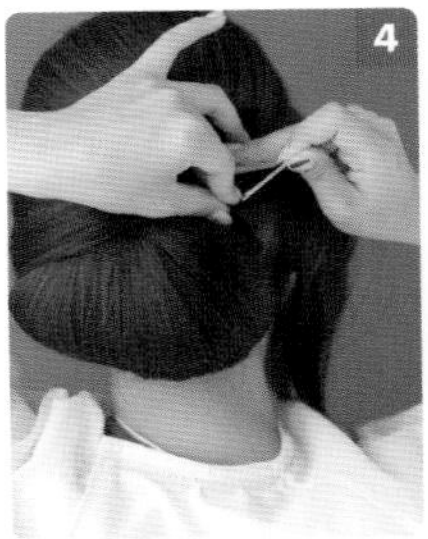

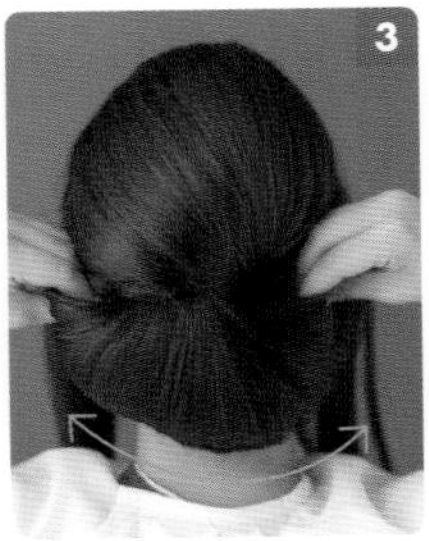

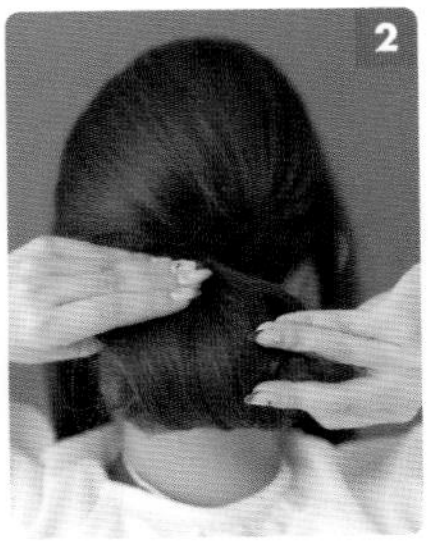

BASE

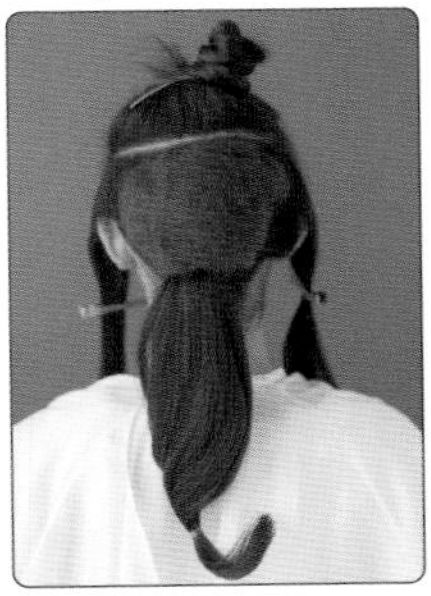

バックを低い位置でひとつに結び、結び目の上に逆三角形にしたすき毛をおく。

arrange 2

シンプルな髷もラインにこだわると色香漂う優雅なスタイルに

シンプルだからこそテクニックが仕上がりを左右するスタイル。ていねいな下準備とブラッシングが大事です。

BASE

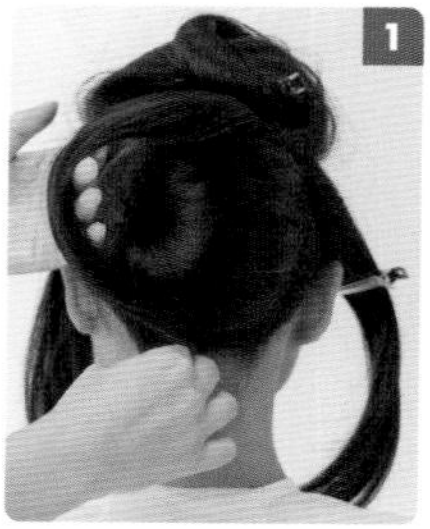

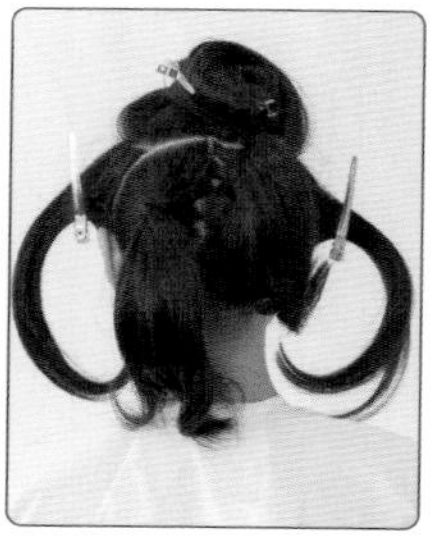

BASE バックはジグザグに2つに分けて、高さを変えてそれぞれ結んで根を2つ作る。

1 左側の根の毛束ですき毛を巻きつけて髷を作る。逆側の根を髷に沿わせて、毛先を隠してピンでとめる。

2 左サイドは面をきれいに整えてねじり上げながら髷に合わせる。

3 トップを髷にかぶせ、右サイドの毛束は毛流れをつけながらトップの毛束と合わせて毛先を隠すようにピンでとめる。

FRONT

SIDE

担当／山崎伊久江美容室

BASE

バックはジグザグに2つに分けて、中央の位置でそれぞれひとつに結んで根を2つ作る。

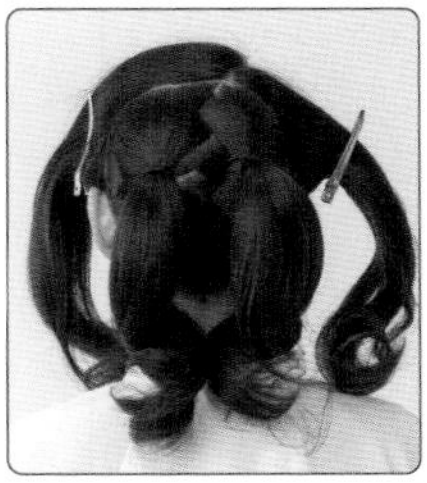

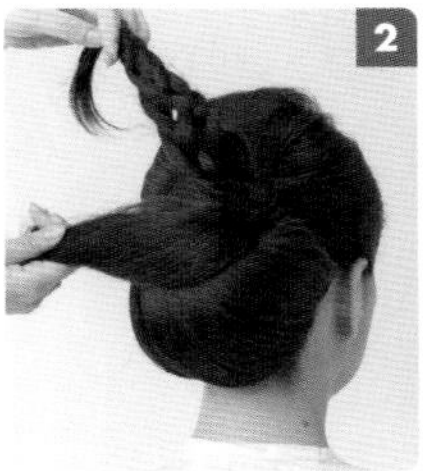

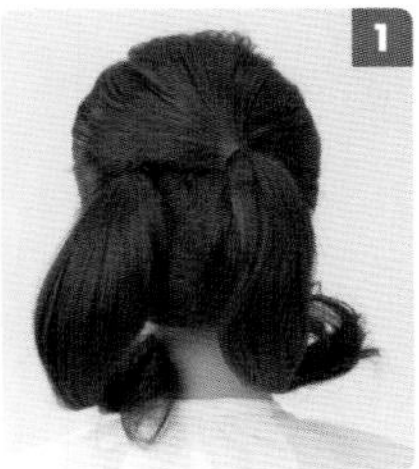

1 トップとサイドを合わせて2つに分け、右側は左の根に、左側は右の根に合わせて結ぶ。
2 左側の毛束の下にすき毛をおいて髷を作る。右の毛束を2つに分け、一方は髷に沿わせ、もう一方は五つ編みにして髷の上に沿わせる。

FRONT

BACK

arrange 3

編み込みでアクセントをつけて 表情豊かなシニヨンに

ここでは五つ編みにしていますが、三つ編みやフィッシュボーンなど編み込みの仕方を変えると、違った表情を楽しめます。

 モデル／貴佐子　担当／山﨑伊久江美容室

arrange 4

美しいラインは
下準備で決まる

なめらかで美しいラインを作るには、下準備でしっかりと巻いておくのが大事です。凹ませるところにピンを挿して毛流れをキープ。

BACK

FRONT

BASE

バックの毛束はすき毛を巻き込んで夜会巻きにする。

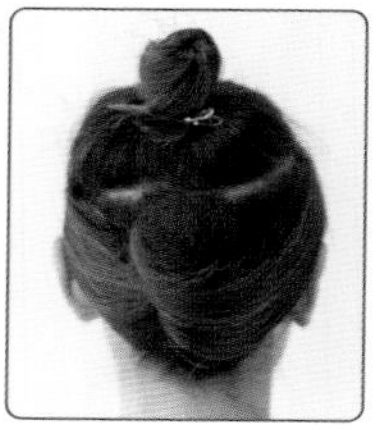

1

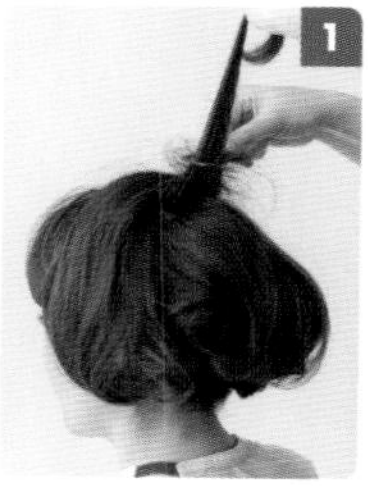

2

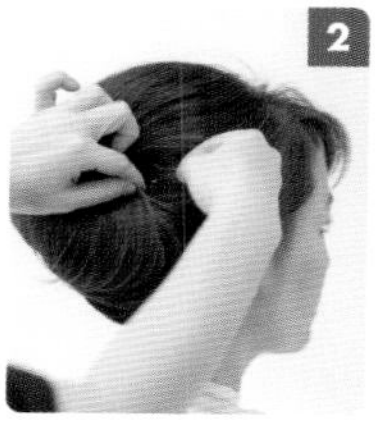

1 トップの毛束は少量ずつスライスして取り、逆毛を立ててしっかりとボリュームを出す。
2 ボリュームをつぶさないよう面をきれいに整えて、毛流れを作る。凹ませるところにピンを挿してラインをキープする。

---

arrange 5

ネープの処理が決め手
留袖のアップスタイル

フォーマルな装いはとくに、後れ毛の処理に気をつけるだけで、品よくまとめることができます。

2

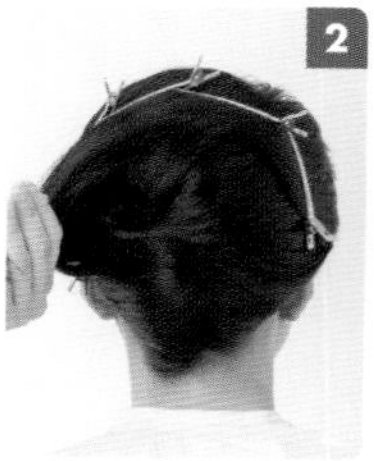

1

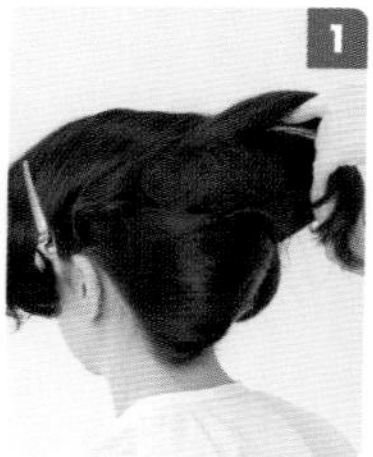

BASE

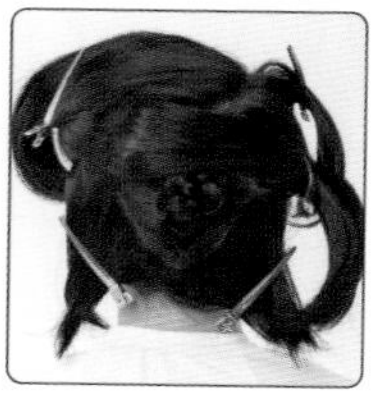

BACK

SIDE

BASE 中央をひとつに結び、三つ編みにしてまとめて根を作る。
1 根にすき毛をのせて抱き合わせで夜会巻きにする。トップを7：3に分ける。夜会巻きの頂点にすき毛をのせ、少ない側の毛束をかぶせてピンでとめる。
2 残りのトップは毛流れを作りながらダッカールで押さえ、バックに合わせてピンでとめる。

上＝モデル／竹井ちはる　担当／EMBELLIR　下＝モデル／郷 富貴子　担当／山﨑伊久江美容室

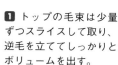

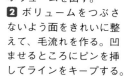

SIDE

FRONT

BASE

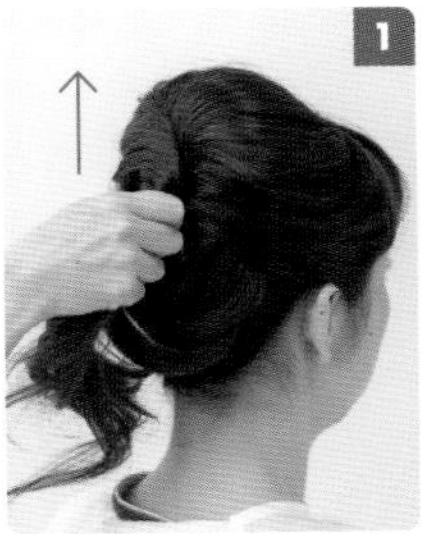

arrange 6

奥行き感でボリュームを出した式典スタイル

卒入学式など品よく控えめに装いたい日におすすめなスタイル。トップのボリュームを抑える代わりに奥行き感あるシルエットにします。

BASE 中央に根を作り、バックは抱き合わせで根にまとめる。サイドはそれぞれ逆毛を立ててから根に巻きつける。

1 トップは逆毛を立ててからひとまとめにしてバックに運んだら、ねじってから上に上げて控えめにボリュームを出す。

2 根にすき毛をのせて、トップの毛束をかぶせてシニヨンを作る。
毛先を隠すようにピンでとめる。

arrange **7**

重厚感あるスタイルは
毛流れひとつでやわらかな雰囲気に

黒留袖×ローウエイトスタイルは結婚式での母親の定番スタイル。毛流れを出すことで、かっちりとまとまりすぎずやわらかな印象に仕上がります。

BASE

中央に根を作る。根の上に大きめのすき毛を横広にのせる。

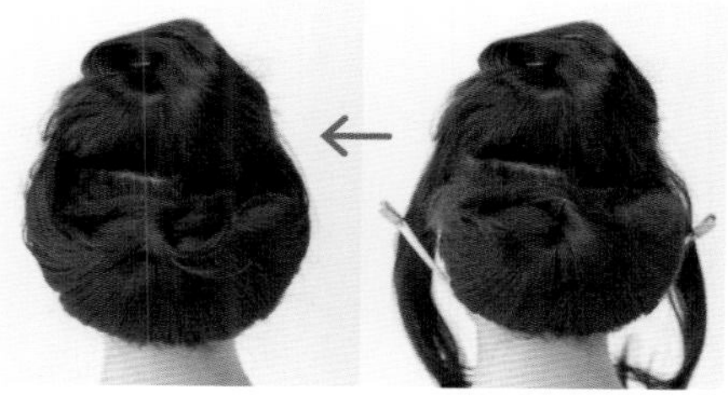

バック、サイドの順にすき毛にかぶせる。毛先はすき間を埋めるようにピンでとめる。次にトップの毛束をすき毛にかぶせて衿足でピンでとめる。最後にオニピンで表面に毛流れを出して、スプレーでキープする。

SIDE

BACK

arrange 8

シンプルなシニヨンに ツイストで可愛さをプラス

ツイストや三つ編みなど編み方によって印象もチェンジ。キツく編むと子供っぽくなりすぎます。お宮参りや七五三のママにぴったり。

SIDE

FRONT

BASE

バックを2つに分けて、それぞれひと結びする。このスタイルは逆毛のみでボリュームを出す。

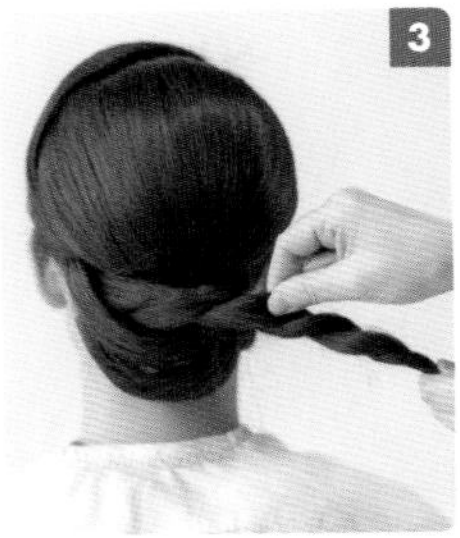

1 両サイドをそれぞれ左右の根にタイトに合わせる。前髪は面を整えながら根に合わせる。
2 トップの毛束は逆毛を立ててからバックに運び、ひとねじりして根と根の間でピンでとめる。
3 バックの毛束を合わせてシニヨンにし、トップの毛束をツイストしてからシニヨンに沿わせる。

 担当／EMEBLLIR

カジュアルシック・フォーマル

きちんとしているけれども
抜け感のあるスタイルがカジュアルシック。
ドレスコードのないパーティーなど、気軽な会におすすめです。

担当／山﨑伊久江美容室

arrange 1

無地感の強い着物に合わせたい粋なアシンメトリースタイル

サイドに作った大きな髷を中心に、全体がアシンメトリーなシルエットになるように形を整えます。

BASE

フロントトップを多めに取り分け、残りは片側が多めになるよう斜めに分ける。

1 多く分けた側をひとつに結び、毛先の内側にすき毛をおいて巻き込み大きなシニヨンを作る。
2 逆側の少ない毛束はサイドと合わせてねじりながらシニヨンに沿わせ、毛先を隠してピンでとめる。
3 多く取ったトップをサイドと合わせ、シニヨンに巻きつける。正面から見たときにアシンメトリーになるよう形を整える。

arrange 2

若々しさ炸裂の王道のカールスタイル

どなたからも愛される王道スタイル。若い方の振袖から訪問着まで、華美になりすぎず可愛らしく装いたい方におすすめのスタイルです。

SIDE

BACK

BASE 中央を結んで根を作る。毛先は残し、結び目の下にすき毛をのせる。

1 バックをすき毛に抱き合わせで合わせて夜会巻きにする。毛先は残しておく。

2 残りの毛は根の近くにまとめる。まとめた上にすき毛をのせて土台を作り、毛束を少しすき毛にかぶせてずつまとめる。

BASE

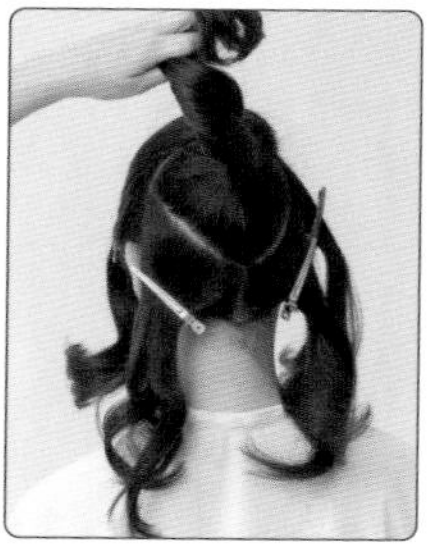

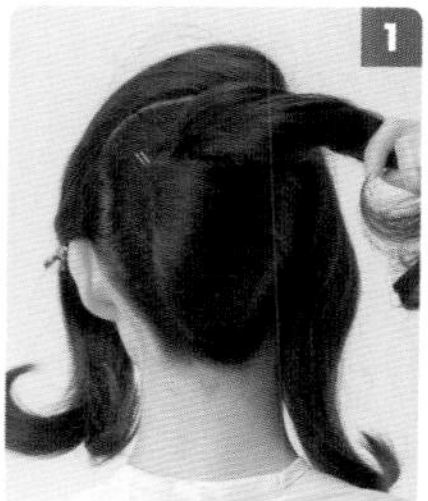

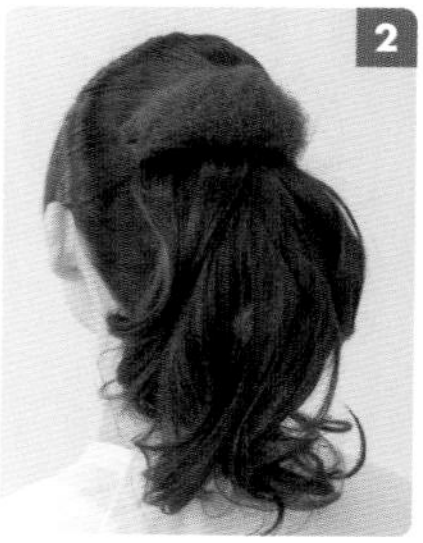

モデル／中井さくら　担当／山﨑伊久江美容室

arrange 3

艶感を出すことで 華やかなパーティースタイルに

下準備で全体にしっかりとワックスを行き渡らせることで、艶感も出ます。フィンガーウェーブにしたり前髪のニュアンス次第で雰囲気も変わります。

2
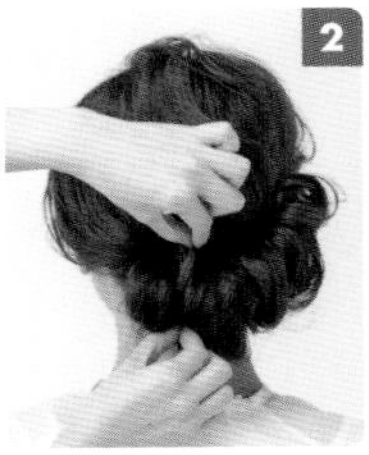
1
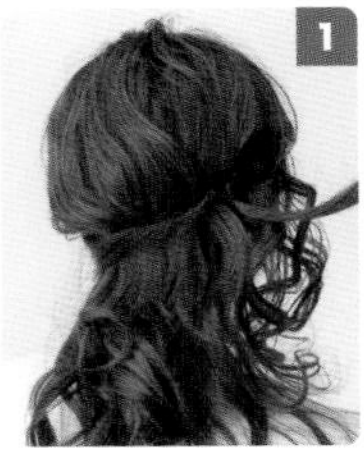
BASE
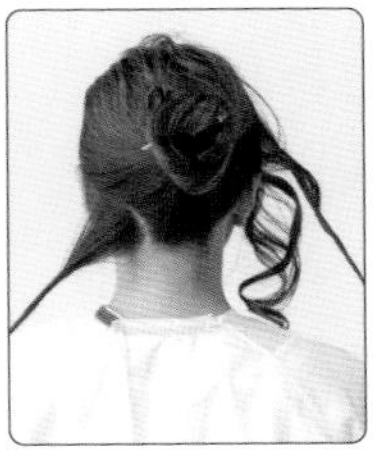

BASE 片側の衿足の三角ゾーンと、逆側のサイドを取り分ける。
1 取り分けた左右の毛束をバックでひとつにする。やや横でひとつに結ぶ。
2 1をガイドラインにする。少しずつ毛束をガイドラインに巻きつけてギブソンタックにする。ところどころ毛束を引き出してボリュームを調整する。

BACK

SIDE

arrange 4

サイドに根を作り アシンメトリーなシルエットに

根となるポニーテールの毛先がシニヨンになるようしっかりと内巻きにしておきます。髪が長い場合はすき毛を巻いてシニヨンにします。

BASE 左サイドとトップを残してバックを右サイドの低めの位置で結んで根にする。毛束の内側に逆毛を立てておく。前髪は右方向にマジックカーラーで巻いておく。
1 根の上に逆三角形に形作ったすき毛をのせる。
2 トップをセンターで2つに分けて、右側の毛束を少量ずつ取って逆毛を立ててすき毛にかぶせ、毛先を根に巻きつけてピンでとめる。
3 前髪のマジックカーラーを外して後方へ毛流れを作り、毛先は根に巻きつけてピンでとめる。
4 残しておいたトップの毛束も後方へ持っていき、毛先は根に巻きつけてピンでとめる。

2

1

BASE

4
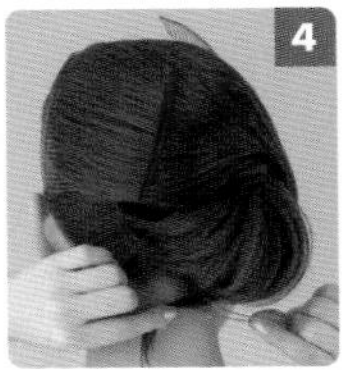
3

BACK

arrange 5

カールを生かした和風ポニーテール

ポニーテールを華やかにアレンジします。カールを生かしたデザインなので、仕上げのハードスプレーなどでしっかりとキープします。

BASE

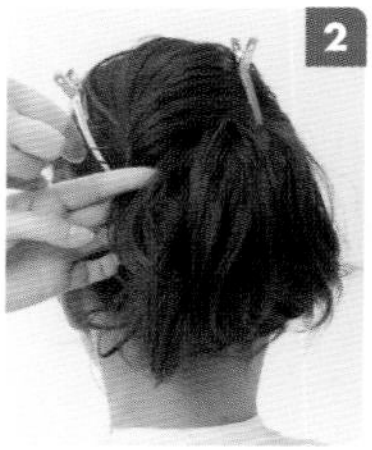

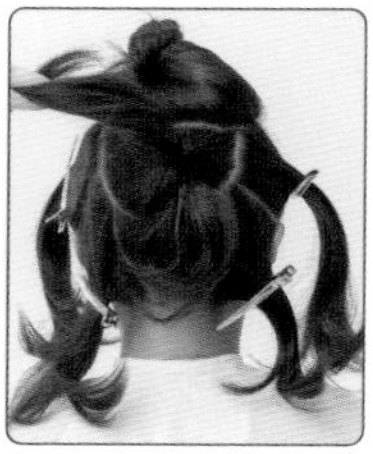

BASE 中央に根を上下に2つ作る。残りのバックは2つに分ける。
1 サイドとバックの4つの毛束をそれぞれねじりながら上下の根にまとめ、ピンでとめる。
2 トップは後方に運び、ねじって前方に押し出してボリュームを出し、毛流れを出しながら根に合わせてピンでとめる。

FRONT

BACK

---

arrange 6

短い髪で作るローウエイトシニヨン

衿足が10cmもあれば、まるでローウエイトシニヨンのようなまとめ髪を作れます。逆毛やカールを生かしてボリュームを出します。

BACK

FRONT

BASE

中央のやや横に根を作る。逆毛を立てたトップの毛束を根にかぶせ、毛束を引き出してボリュームを出し、スプレーでキープする。

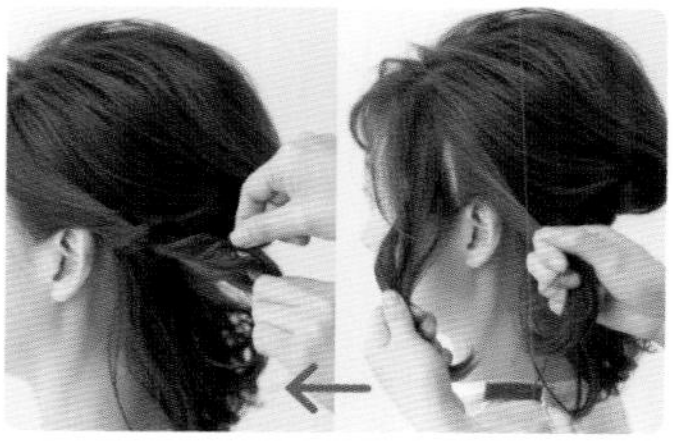

サイドの毛束を縦にスライスし、下の毛束をすくい上げながらツイストする。ところどころ毛束を引き出して根にピンでとめる。これをネープも同様にツイストして根に集める。衿足はたるみが出ないようしっかりと上げる。

上＝モデル／宗清万里子　担当／山﨑伊久江美容室　下＝モデル／阿部純子　担当／ EMBELLIR

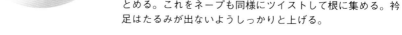

arrange 7

指先テクニックで美ラインを作る

髷の上に毛流れをつけた毛束を沿わせるだけのシンプルスタイル。アシンメトリーなデザインで華やかさをプラスします。

BASE

フロントとサイドを合わせて多めに分ける。逆サイドは耳の裏から1cmほどオーバーに分ける。バックは多めに分けた側に寄せてひと結びする。

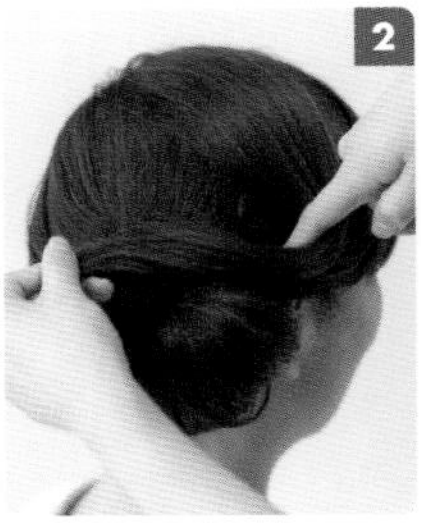

2

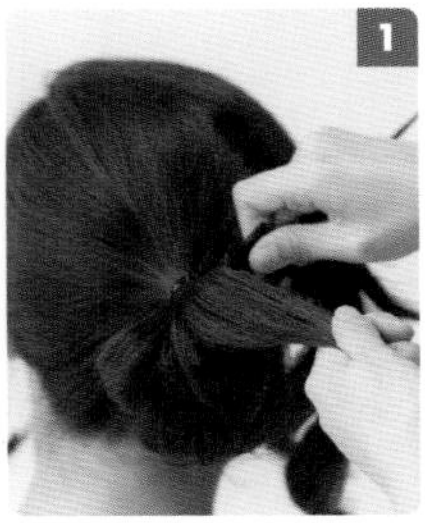

1

1 バックの毛束は3つくらいにスライスし、それぞれ逆毛を立てておく。すき毛に巻きつけて髷を作る。
2 多めに取ったフロントとサイドの毛束に、指でワンクッションおいて毛流れを作り、髷に沿わせる。毛先は髷のすき毛を隠すように沿わせてピンでとめる。

BACK

SIDE

arrange 8

カールよりも大人っぽい ツイストアレンジ

華やかにボリュームを出したいけれどもカールだと子供っぽい。そんな場合はツイストでアレンジすると大人っぽい印象になります。

BASE

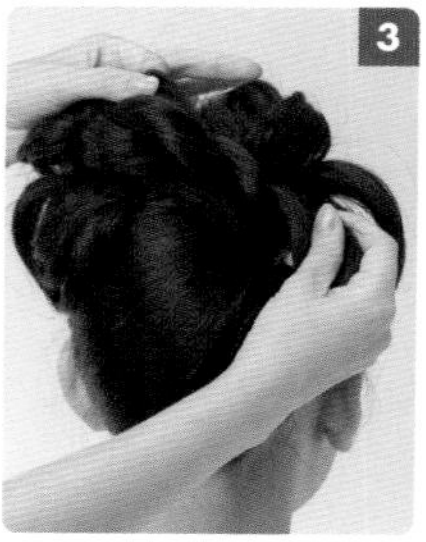

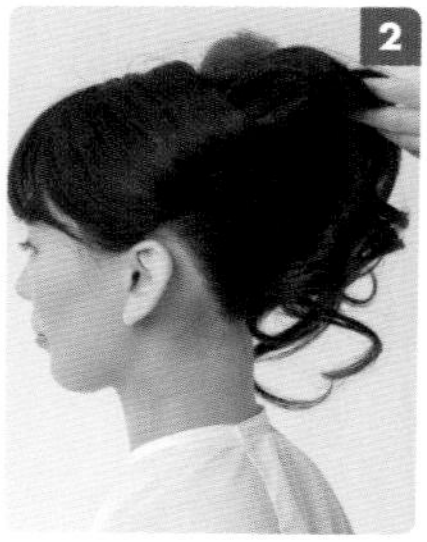

BASE 中央を縦にジグザグに分けてそれぞれ結び、根を2つ作る。
1 根の下にすき毛をのせて、バックの毛束を抱き合わせて夜会巻きにする。
2 サイドはそれぞれねじりながらバックに合わせ、毛先を外してピンでとめる。
3 すべての毛束をツイストして形をつけながらまとめる。ところどころ毛束を引き出してボリュームとシルエットを調整する。

SIDE

BACK

モデル／芦部智子　担当／山﨑伊久江美容室

arrange 9

すき毛の大きさを変えれば カジュアルにもフォーマルにも装いチェンジ

正面から見たときにカールがあまり見えないように作るのが、大人のカールスタイル。トップの高さを変えることでフォーマル度が変わります。

BASE

BASE 中央をひと結びして根を作る。

1 バックは2つに分けて、抱き合わせで結い上げて、根の下でピンでとめる。毛先は外しておく。

2 根の上にすき毛をおく。フロントトップはサイドと合わせて毛流れを作りながら根の近くでピンでとめる。

3 逆側のサイドも根に合わせてピンでとめる。すべての毛束にカールをつけながら、高さを調整してまとめる。

BACK

SIDE

 担当／山﨑伊久江美容室

年齢別

着物メイクのポイント②

着物を着る日でも普段と変わらないメイクが
主流となった最近ですが、
色味が薄すぎると着物に負けてしまい、さびしい印象に。
しっかりメイクしたいポイントを押さえておきましょう。

50代〜 立体メイクでリフトアップ効果を狙う

張りが失われ始める年齢は、リフトアップを意識した立体メイクがおすすめです。

ベースとなる肌は、コンシーラーやハイライトを使ってくすみやシワを目立たなくします。

眉や口元の色味が薄すぎるとさびしく貧相な印象になるので、ここはしっかりと色をのせるといいでしょう。

not good

good

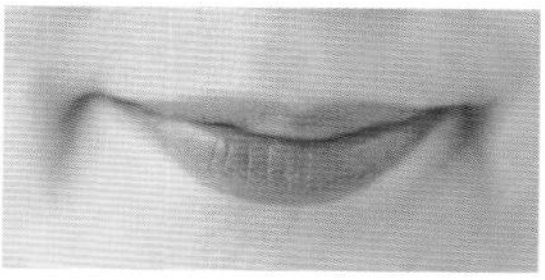

上下のバランスを1：1.5もしくは1：2になるように輪郭を描いてから色をのせると、口角が上がって見える。

眉は薄くならないよう輪郭をしっかりと取り、パウダーで立体的に仕上げる。黒のアイラインは目が小さく見えがちなのでブラウンがおすすめ。インラインのみ黒のリキッドを入れても。

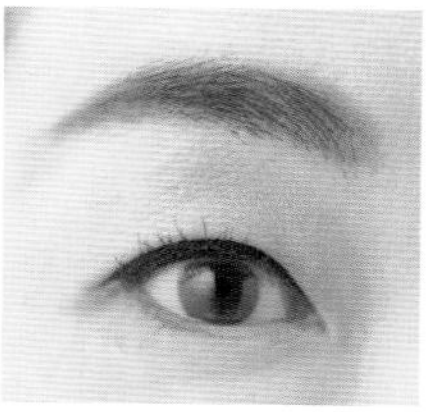

◉首元の見え方は大切です

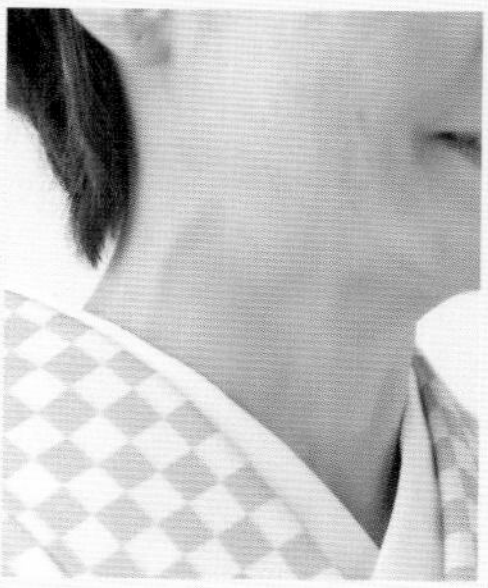

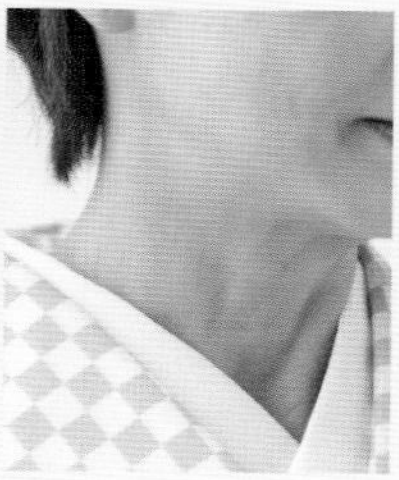

意外と首は年齢が出やすいところ。きれいにメイクをしても、首元にシワやくすみがあるとせっかくの着物姿も台無しです。半衿や着物に色がつかないよう首元専用のファンデーションを使ったり、ホワイトパウダーで素肌感をカバーするだけでも印象が変わります。

担当／EMBELLIR

PART 4

品格と清潔感が大切

茶会の日の髪型

流派や茶会の趣旨によりますが、基本的に茶会の日の髪型は華美になりすぎず
品格と清潔感のあるスタイルが望まれます。
髪飾りはつけず、前髪が垂れない心遣いも求められます。

arrange 1

後ろ姿で見せる 茶会のシニヨンスタイル

トップの高さはボリュームを控えめにし、前髪もサイドもスッキリとタイトにおさめたシニヨンスタイル。毛流れを出してやわらかい印象に仕上げます。

BASE

中央をひとつに結んで根を作る。サイドとトップの毛束を根に集めてピンでとめる。根の下にすき毛をおく。

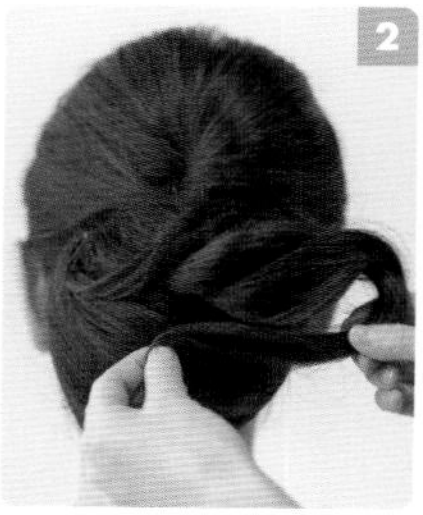

1 バックの毛束はすき毛に抱き合わせでまとめる。毛先ですき毛を隠しながらピンでとめる。
2 トップとサイドの毛先はゆるめにツイストしてシニヨンに沿わせ、毛先は隠すようにピンでとめる。

advice

茶席では髪が落ちないよう、毛流れはカールではなく、ツイストや編み込みで作ります。

FRONT

SIDE

担当／EMBELLIR

BASE

BASE バックは縦にジグザグに分けてそれぞれ結び、根を2つ作る。

1 右のサイドはねじりながら右の根に、左もねじりながら左の根に合わせる。根の上にすき毛をのせる。

2 トップは高さを出しながらすき毛にかぶせてまとめる。左側の毛束を根元からしっかりと三つ編みにする。

3 左側の三つ編みをシニヨンにまとめ、逆側の根の近くでピンでとめる。右も三つ編みにして左と同様にまとめる。

arrange 2

編み込みでデコラティブにデザインした ローウエイトシニヨン

後れ毛をしっかりとカバーしながら美しい毛流れを編み込みで作ります。編むゆるさ加減でボリュームを調整するといいでしょう。

BACK

FRONT

 担当／山﨑伊久江美容室

arrange 3

艶やかな面で清楚に装う

飾りはつけず毛先も遊ばせない茶席の髪型は、ていねいに作り込むことで品よくまとまります。

BACK

BASE

バックを低い位置でひとつに結んで根を作る。

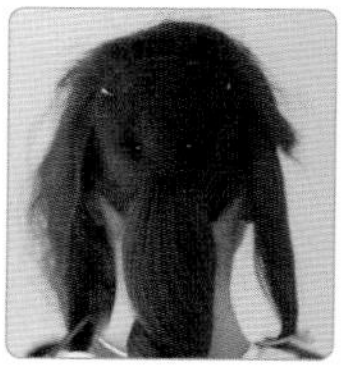

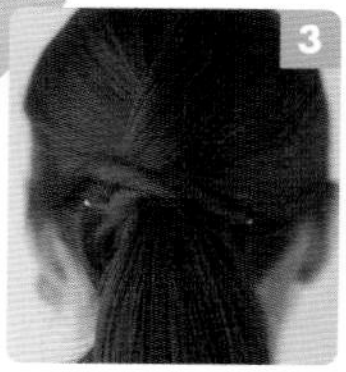

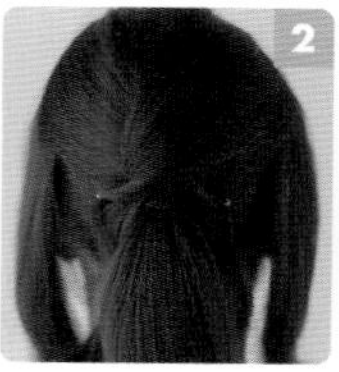

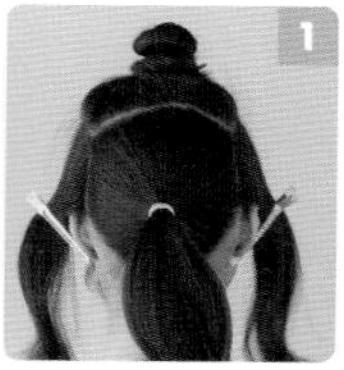

1 トップの毛束に逆毛を立てる。根の結び目の上にすき毛をのせる。
2 トップを2つに分ける。逆毛をつぶさないよう表面をブラッシングしながら左右がクロスするようにすき毛にかぶせる。それぞれねじりながらピンでとめる。
3 両サイドも結び目の上で左右がクロスするようにまとめる。トップとサイドの毛先は根にまとめ、根の毛先ですき毛を巻き込んで髷を作る。

arrange 4

すき毛で作る丸みのあるシルエット

トップですき毛を包み込み丸いフォルムを作ります。事前に流したい方向に毛流れが整うようブローしましょう。

BASE

バックを低い位置でひとつに結び、まとめて根を作る。両サイドをそれぞれ根に巻きつけて土台を作る。

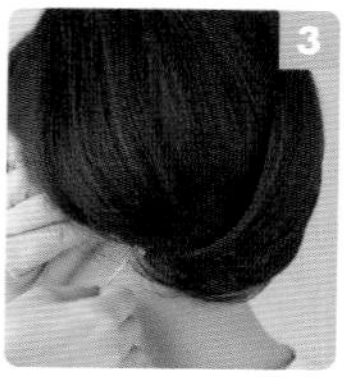

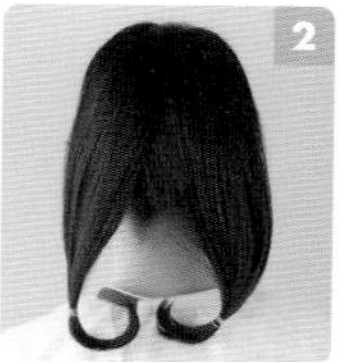

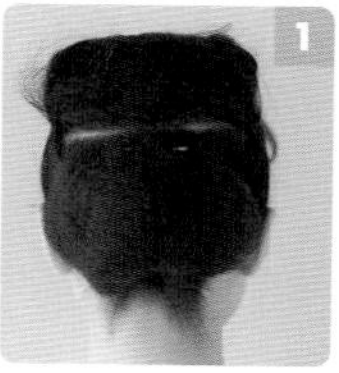

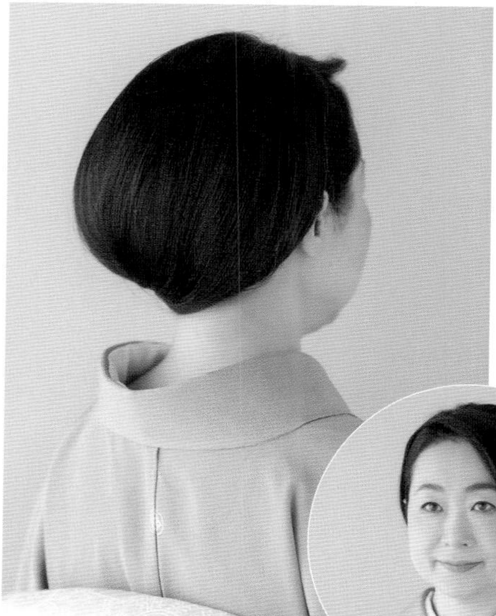

FRONT

1 土台の上にすき毛をのせる。
2 トップを少量ずつスライスして逆毛を立てる。ボリュームがつぶれないよう表面を整えて、3つに分けてそれぞれゆるめに結ぶ。
3 片側ずつすき毛の上にかぶせて、毛先を内側に隠してピンでとめる。

上下共に担当／EMBELLIR

BACK

arrange 5

小さく遊びを加えて表情豊かに装う

シンプルなスタイルも、毛先をひとねじりするだけで、やわらかく華やかな表情が加わります。

BASE

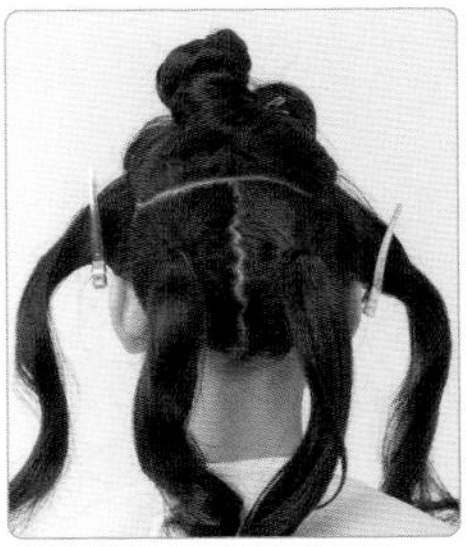

中央をまとめて根を作る。

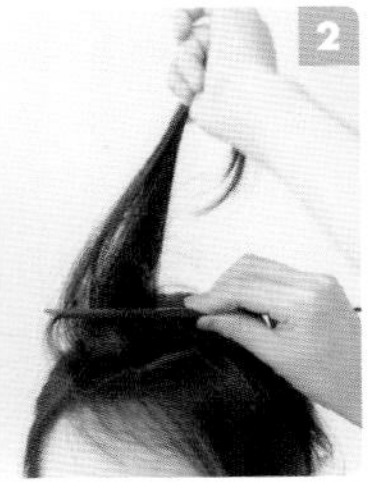

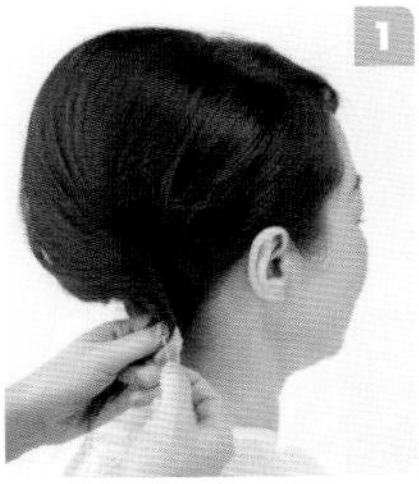

1 バックを抱き合わせでまとめ、サイドも根に合わせてまとめる。根の上に大きなすき毛をのせる。トップの毛束をすき毛にかぶせ、毛先をひとねじりしてピンでとめる。
2 中間から毛先にかけて逆毛を立てて、面が割れないようにしてからタイトに押さえて整える。

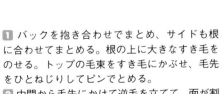

arrange 6

茶席の王道スタイル ネットを使用しても

どんな茶席にも通用する王道スタイル。衿足が短い場合はネットを使い、後れ毛が垂れてこないよう工夫しましょう。

2

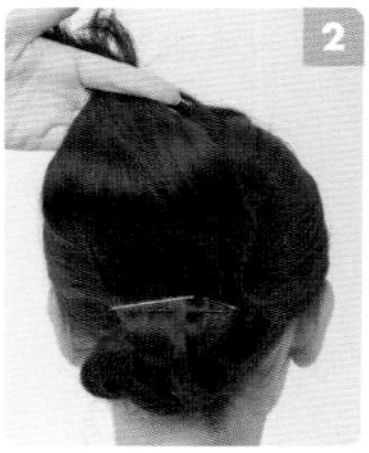

1

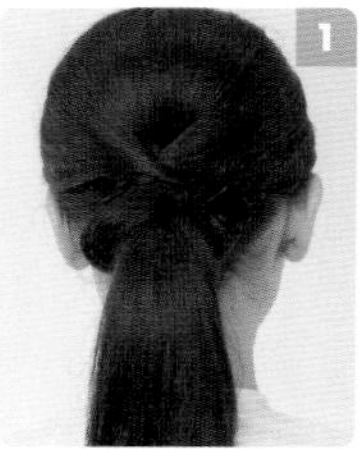

BASE

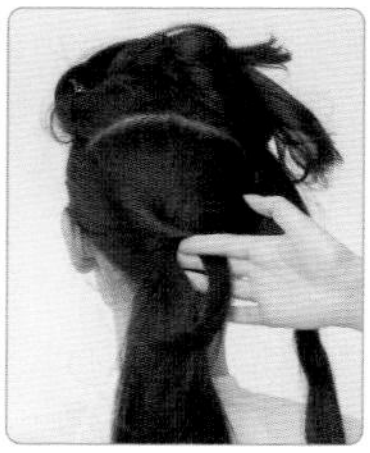

BASE バックを低い位置でひとつに結び根を作る。サイドはそれぞれタイトにねじりながら根に集めてピンでとめる。

1 根の上にすき毛をのせる。トップの毛束は2つに分けて、それぞれすき毛にかぶせてピンでとめる。

2 すべての毛先を上げて、アメピンで平打ちにする。平打ちした上にすき毛をのせて髷を作る。

SIDE

FRONT

---

arrange 7

逆毛を使って面割れ防止

どんなスタイルにも共通しますが、逆毛を立てることで髪の毛同士が結合し、面が割れにくくなります。

BACK

SIDE

2

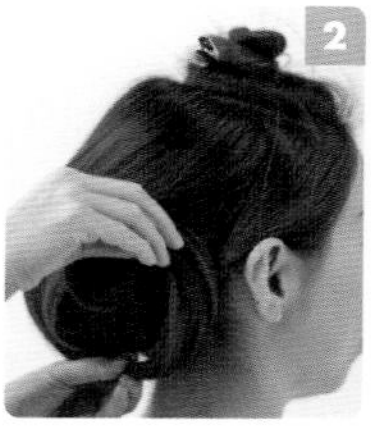

1

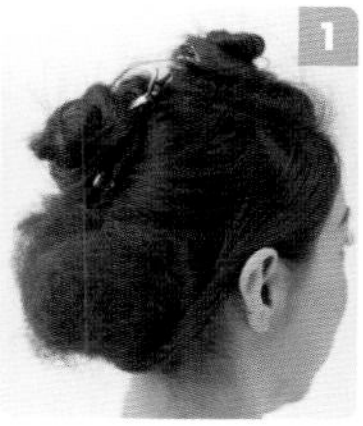

BASE

BASE バックに根を作り、大きなすき毛をのせる。

1 片側のサイドをすき毛の下に運んでピンでとめる。

2 ミドルセクションのトップの毛束の根元と中間から毛先にかけて逆毛を立てて、すき毛にかぶせ下ろす。毛先は丸めて形作る。残りのフロントとサイドも同様に逆毛を立ててからまとめる。

PART 5

成人式から大人のパーティーまで

振袖の日の髪型

本来は未婚女性の正装でしたが、今は大人のドレスとして着られることも多い振袖。
柄も多く豪華な雰囲気なので、髪型もボリュームのある華やかなスタイルが合います。
カール感で若々しく、艶感で大人っぽくなど、
着る年齢や着ていく場所に応じて髪型も楽しむといいでしょう。

SIDE

BACK

BASE

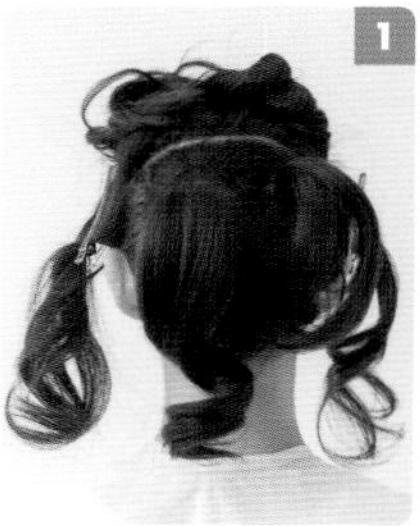

arrange 1

ざっくりした編み込みとカールでボリュームたっぷり

すき毛を入れてボリュームを出してからカールを形作ることで、崩れにくくする効果もあります。

BASE 中央を左寄りで結んで根を作る。根の下にすき毛をのせる。

1 バックの毛束をすき毛にかぶせ上げる。根と逆側の右寄りでひとつに結ぶ。

2 両サイドはタイトに根に合わせる。トップはところどころ毛束を引き出しながら、右方向に向かって編み込む。

3 根の毛束とバックの毛束の上にすき毛をのせて、カールをつけながらすき毛を隠すようにまとめていく。

担当／山﨑伊久江美容室

BASE

BASE トップにジグザグに根を取り、ひとつに結ぶ。
1 フロントから少量ずつ毛束を取り、それぞれツイストしながら根に集めてピンでとめる。
2 すべての毛をツイストしながら根に集める。
3 集めた毛束を少量ずつ取り、いろいろな方向に裂くようにしながら散らし、ボリュームを出しながら形を整える。

arrange 2

極細カーリーで作る キュートなアップスタイル

根を作ってからまとめることで、ポニーテールにして散らすよりもボリュームがつぶれにくく、細かい調整もききます。

BACK

SIDE

 モデル／フィリッピーナ キアラ 麗　担当／EMBELLIR

arrange 3

清楚なイメージのコンパクトデザイン

左右で編み込みを作り、コンパクトにまとめただけのスタイル。結納など控えめに装いたい日にもおすすめです。

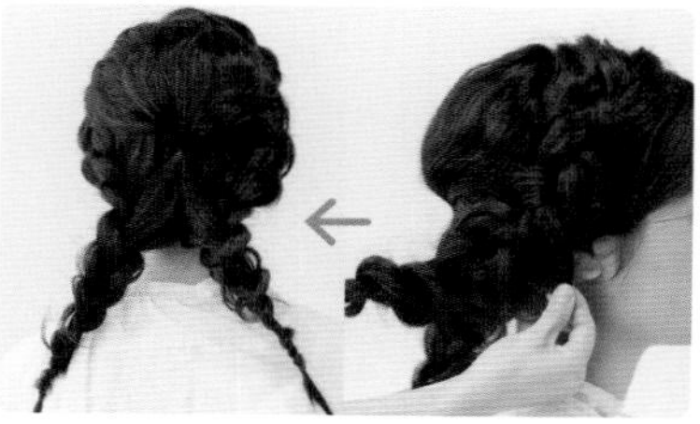

トップはボリュームを出してバックでひと結びにして毛束を2つに分け、それぞれ左右のバックの毛束と合わせる。編み込みにしてところどころ毛束を引き出してボリュームを出す。コンパクトにまとめる。シルエットとボリュームは毛束を引き出すことで調整する。

BASE

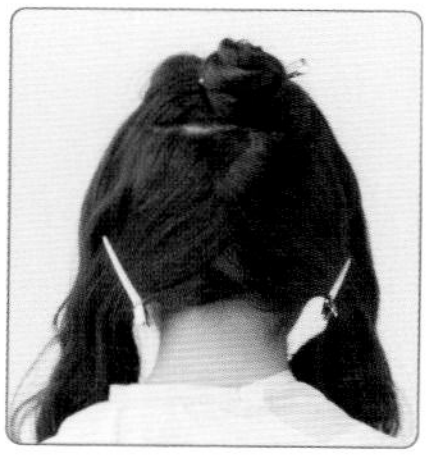

トップを残してジグザグに2つに分ける。

SIDE

FRONT

arrange 4

タイトなフロントで生きてくるふんわりバック

ボリュームを後方に持ってきて、フロントはタイトに仕上げた品格ある華やかなスタイルです。

BACK

SIDE

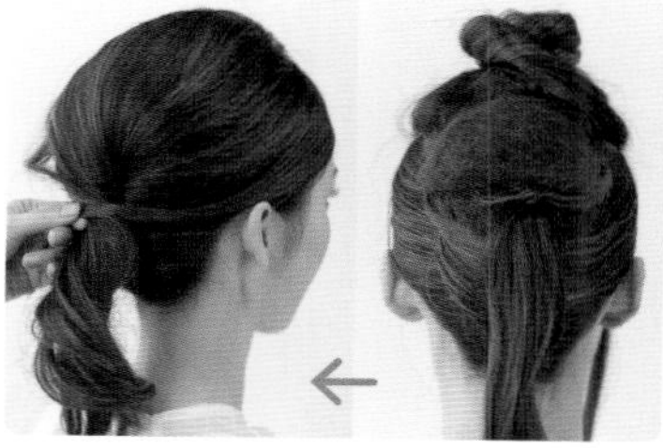

サイドは根に集め、バックは抱き合わせでまとめる。根の上にすき毛をのせて、トップの毛束をねじりながらかぶせてピンでとめる。少量ずつ毛束を取り、ツイストしてから面を広げる。デコラティブに形を整えながらピンでとめてまとめる。

BASE

中央を逆三角形に取り、高い位置で結ぶ。結び目の下に逆三角形のすき毛をのせる。

SIDE

SIDE

arrange 5

毛先を落ち着かせて 大人の振袖スタイルに

結納にもおすすめです。毛先は遊ばせないことで落ち着いた雰囲気に仕上がります。三つ編みで可愛らしさをプラスします。

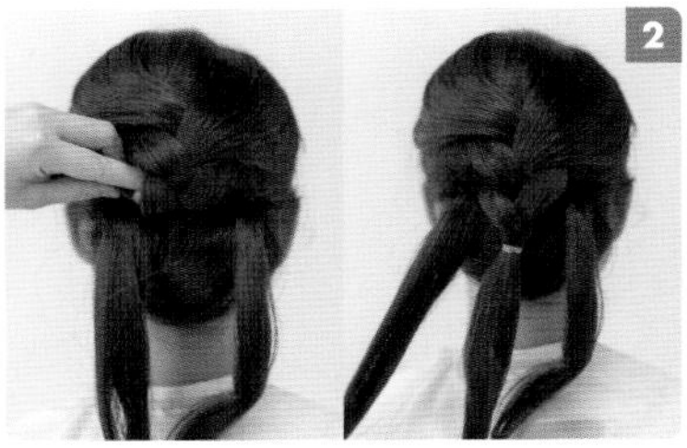

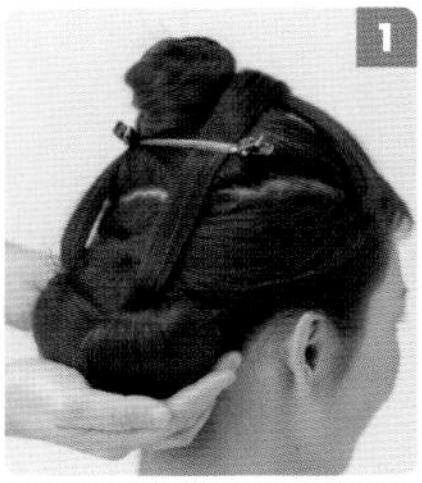

BASE

1 両サイドはそれぞれ左右の根に合わせて毛先を巻きつけてピンでとめる。バックの毛束はそれぞれ半分残してすき毛を巻きつけてシニヨンにする。
2 根の上にすき毛をのせて、トップの毛束をかぶせ下ろす。三つ編みにして、クルクルと内側に丸めてピンでとめる。
3 残しておいた半分の根の毛束をそれぞれツイストし、すき毛を埋めるように沿わせてピンでとめる。

バックは斜めに2つに分けて、それぞれ高さを変えてひとつに結ぶ。

 担当／EMBELLIR

arrange 6

ハイライトが生きるエレガンスライン

優雅な毛流れがエレガントな雰囲気のスタイル。ハイライトが入っていると、さらに立体感のあるラインになります。

BASE

フロント、中央、バック、サイドとブロッキングし、トップは2つに分ける。

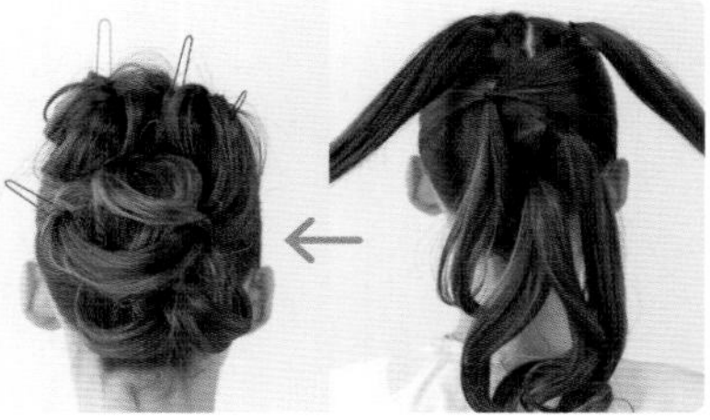

フロント以外を結ぶ。2つに分けたトップは左右で結び、バックと中央は高さを変えて結ぶ。サイドは左右合わせてひとつに結ぶ。それぞれ毛流れを作りながら折り重ねて形作り、オニピンで固定する。

※写真ではわかりやすいようピンを見せています。

FRONT

BACK

arrange 7

なめらかなシルエットで上品シニヨンに

ボリュームのある艶やかな面が大人っぽく上品な雰囲気に。全体のシルエットがなめらかになるよう形作ります。

BACK

SIDE

BASE

バックを中央の位置でひとつに結び、根を作る。

根の下に大きなすき毛をのせる。毛束をかぶせてダッカールで形を整えながら大きなシニヨンを作る。トップの毛束は毛流れを作りながらシニヨンに沿わせる。

PART 6

涼やかに軽やかに季節を彩る

夏の日の髪型

ボリュームは控えめにする、シンプルに作るなど、
見た目にも涼を感じさせる髪型が夏はおすすめです。
浴衣ならよりラフに、セルフアレンジも楽しんでみましょう。

BACK

SIDE

arrange 1

すき間感が涼やかな夏のカールスタイル

フロントをスッキリとさせることで、より軽やかな印象に。ねじり上げることで長さも簡単に調整できます。

BASE

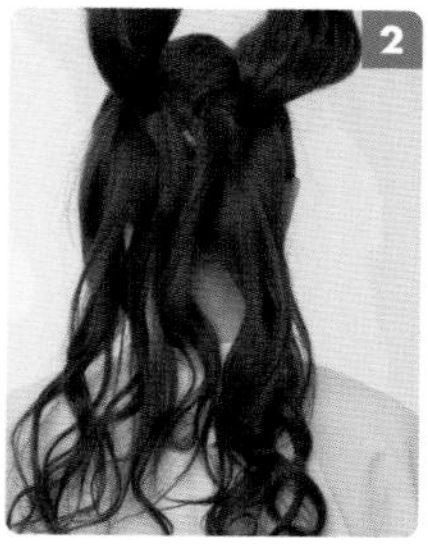

BASE 中央を左寄りで結んで根を作る。根の下にすき毛をのせる。

1 両サイドはそれぞれ面をきれいに整えてから、根の下にタイトにねじり合わせてピンでとめる。

2 トップの毛束は逆毛でボリュームをつけながら根と根の間に下ろし、結び目の近くでピンでとめる。

3 すべての毛束にアイロンで細かいカールをつける。少量ずつ毛束を取り、バランスを見ながらピンでとめて形を整える。

arrange 2

日本髪シルエットは
コンパクトにまとめてカジュアルに

クラシカルな雰囲気たっぷりな日本髪風スタイルは、コンパクトに作ることでカジュアルな普段着にも合わせやすいスタイルになります。

BASE

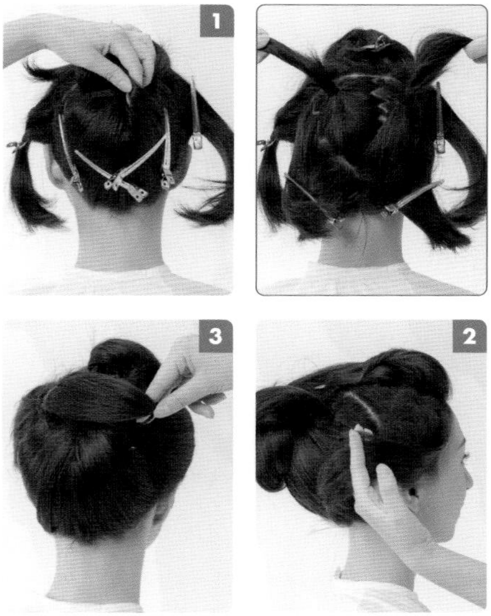

BASE 中央をジグザグに2つに分けて、それぞれ高い位置で結んで根を作る。

1 根の下にすき毛をのせて、バックをすき毛にかぶせて結い上げる。

2 前髪はポンパドールにする。サイドの毛束の内側にすき毛を入れて、すき毛に毛束をかぶせてバックに合わせる。

3 根の毛先をゴムで結び、シニヨン風に形を整えてまとめる。

BACK

SIDE

arrange 3

ボリュームを控えめ ギブソンタック

短めの方はとくに、逆毛をしっかりと立ててからギブソンタックにします。ボリュームは控えめに、前髪の立ち上がりできちんと感を出して。

SIDE

FRONT

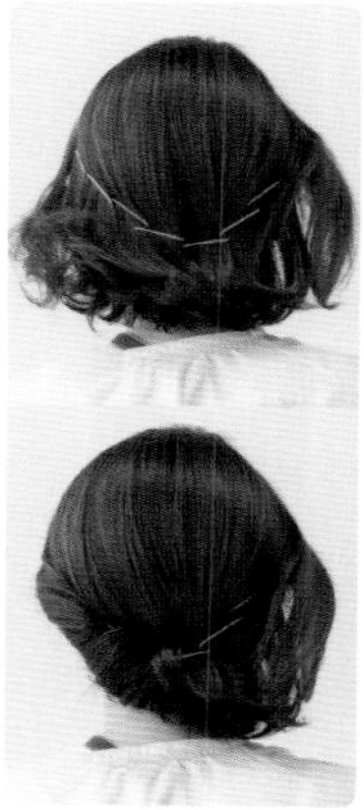

全体に逆毛を立てたら面をきれいに整える。アメピンでガイドラインを作る。サイドから少量ずつ毛束を取って、ねじりながらガイドラインに折り返してピンでとめる。真後ろまできたら、逆サイドから同じことを繰り返す。

arrange 4

フィッシュボーンで作る 大人の編み込みスタイル

三つ編みよりも大人っぽい雰囲気に仕上がるフィッシュボーンでシニヨンを作ります。適度なすき間感で夏らしく軽やかな印象に。

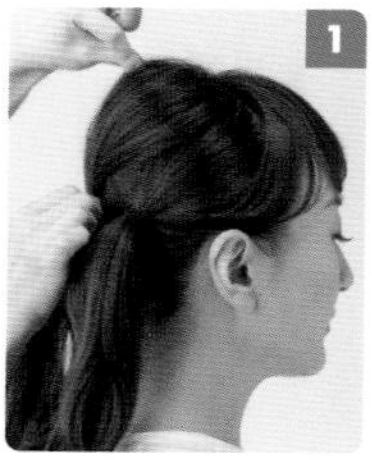

BASE

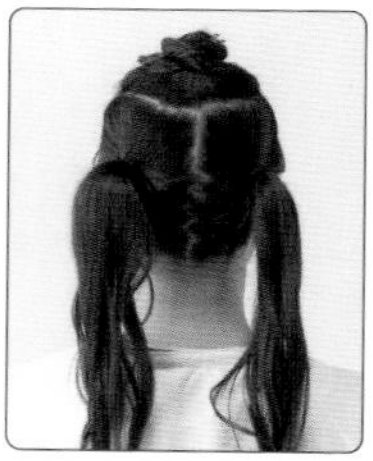

BASE バックをジグザグに2つに分ける。それぞれ中心でひとつに結ぶ。

1 トップに軽く逆毛を立てる。バックに運んでひと結びし、毛束を引き出してボリュームを調整する。

2 1の毛束を2つに分けて、それぞれ左右のバックと合わせてフィッシュボーンに編む。ところどころ毛束を引き出してからまとめる。

BACK

上下共に担当／EMBELLIR

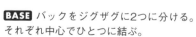

BASE

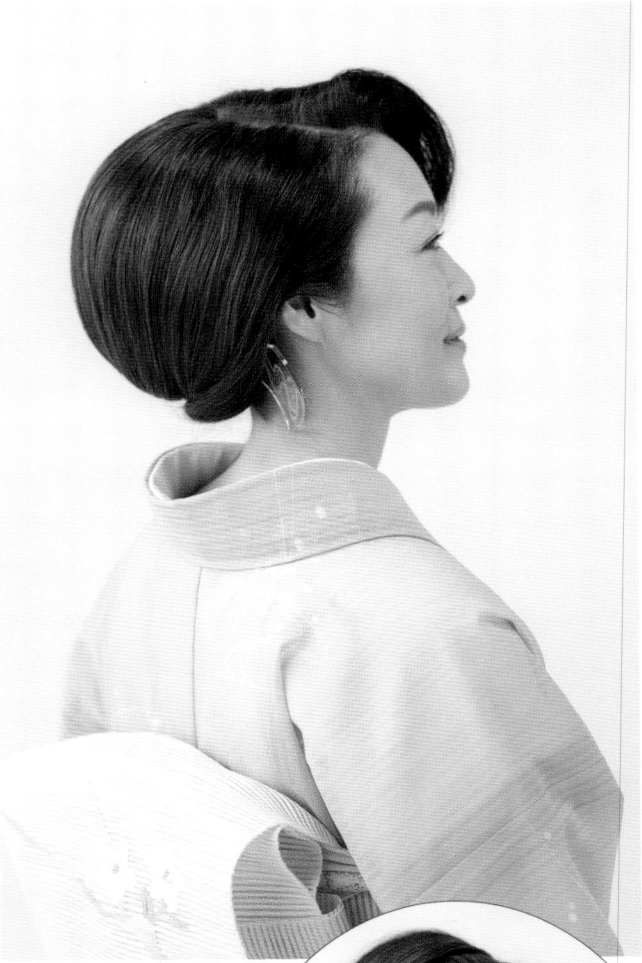

BASE バックを低い位置で結ぶ。
1 バックの毛束はツイストにしてシニヨンにし、その上にすき毛をのせる。
2 トップの毛束に逆毛を立てたらすき毛にかぶせて毛先は隠すようにピンでとめる。サイドはふんわりとバックに合わせる。
3 フロントは毛流れを作りながらバックに合わせ、ピンでとめる。

arrange 5

ワンポイントで毛流れを出した色香漂う夏スタイル

毛流れを1ヶ所だけ作り、アクセントにしました。毛先に逆毛を立てることで、毛流れのキープ力は高まります。

BACK

FRONT

arrange **6**

2つのツインテールを交差させるだけ

作り方はとっても簡単。形よく仕上がるよう、バランスを見ながらシルエットを整えていきます。

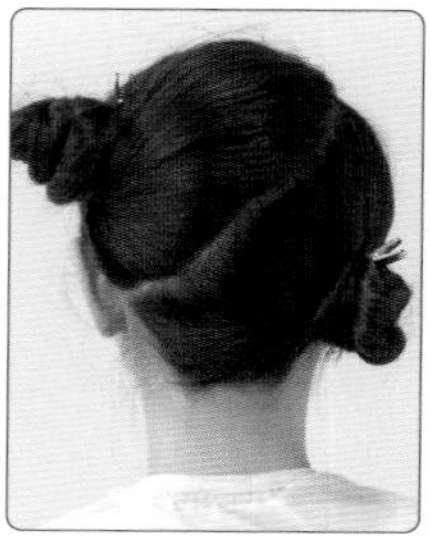

BASE

全体を斜めに2つに分ける。斜めにブロッキングすることで、分け目が見えにくくなる。

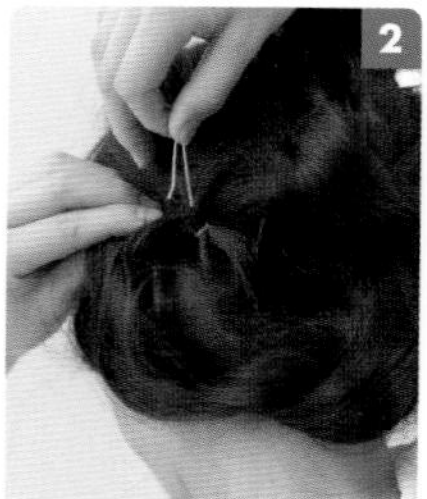

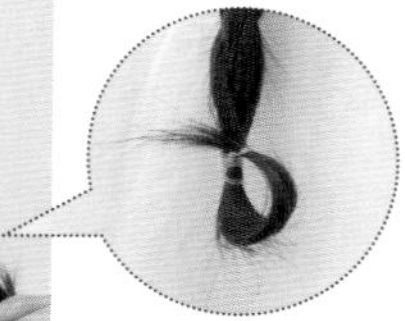

BACK

FRONT

1 片側ずつふんわりとツイストする。ところどころ毛束を引き出してボリュームを出したら、毛先を結ぶ。その際毛先は丸めてとめることで、毛先が飛び出てきにくくなる。
2 右のツイストは左に、左のツイストは右に寄せて、それぞれ丸めた毛先にピンを挿してとめる。ところどころピンでとめながらシルエットを整える。

担当／EMBELLIR

arrange 7

夏の遊び着だからこそ ルーズに仕上げてラフに装って

あえてざっくりと仕上げたルーズシニヨン。前から見たときにたっぷりとシニヨンが出るよう仕上げます。

SIDE

FRONT

1 全体をハイトップでポニーテールにする。後れ毛やたるみは気にせず、ざっくりと結い上げる。
2 ポニーテールの毛束を2つに分ける。片側をポニーテールの根元に巻きつける。毛先を外してピンでとめる。
3 逆側は先程とは反対方向に巻きつける。同様に毛先を外してピンでとめる。
4 結び目を押さえながら、ところどころ毛束を引き出してたっぷりとボリュームを出して整える。

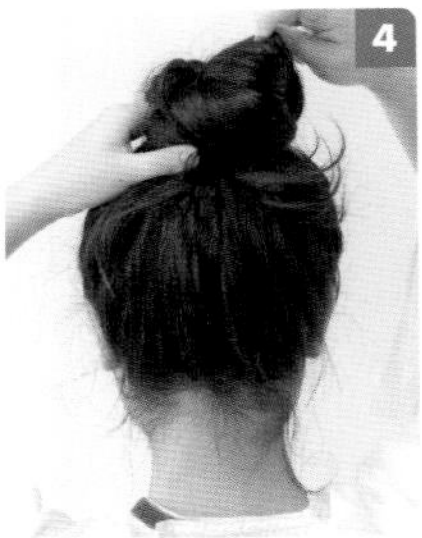

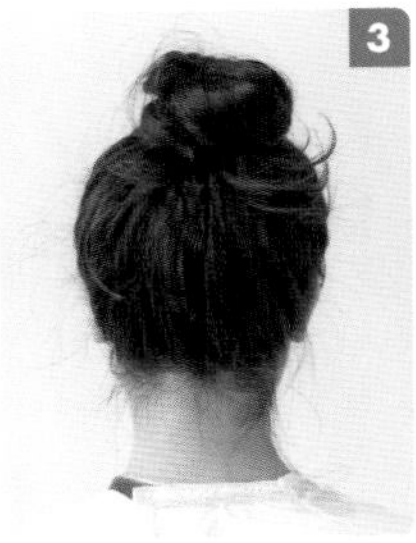

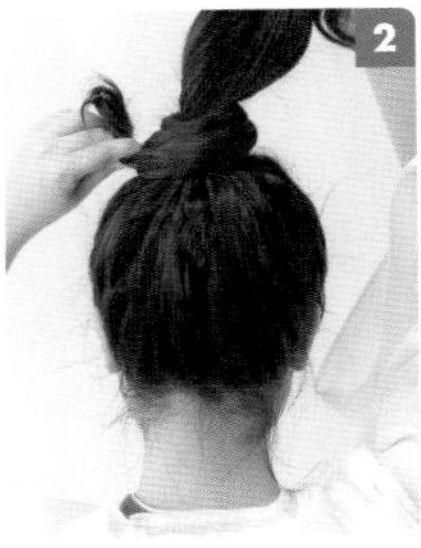

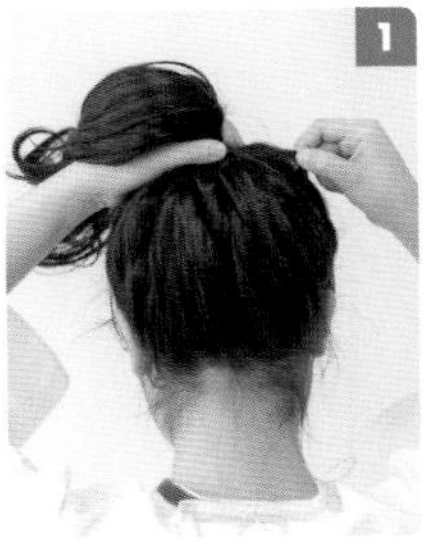

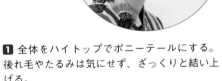

arrange 8

丸めて広げて お手軽シニヨン

ポイントは毛先を結んでから丸めること。
髪の量に応じてすき毛を使います。

BACK

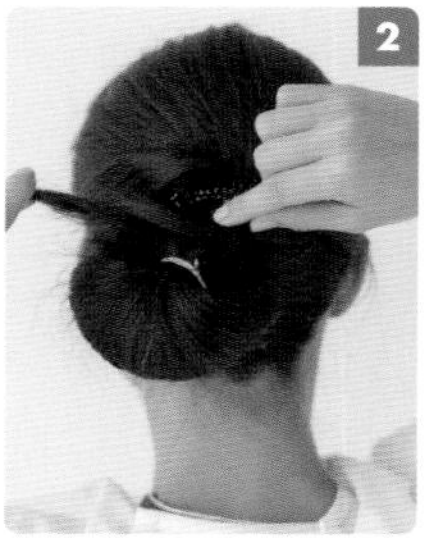

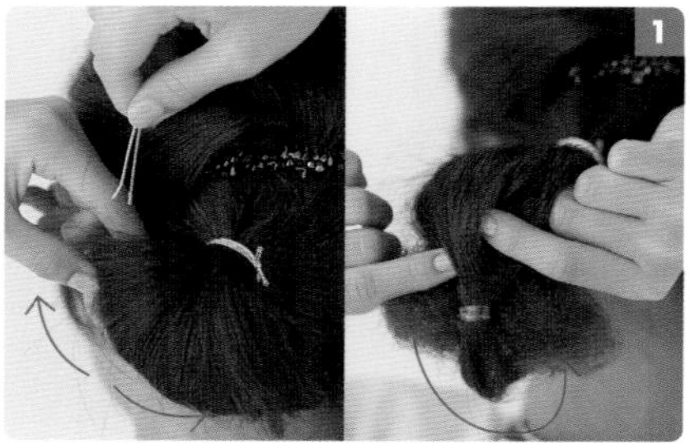

BASE

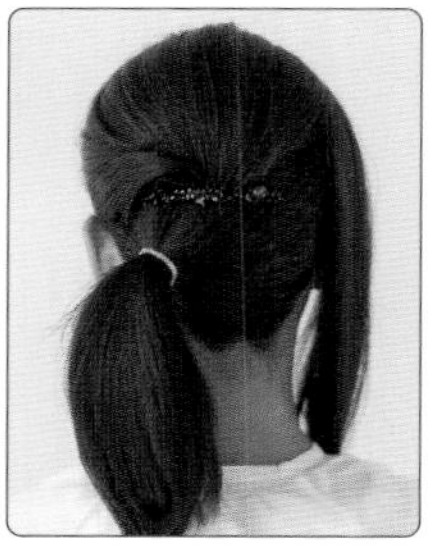

右サイドを残し、左サイドとトップをコームでとめる。バックは左寄りでポニーテールにする。

1 ポニーテールの毛先を結ぶ。内側にすき毛を入れて毛束を丸める。根元まで巻いたら面を扇状に広げて両サイドをピンでとめる。
2 右サイドの毛束をポニーテールの結び目に沿わせてゴムを隠す。

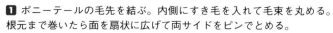

BACK

SIDE

arrange 9

夜会巻き+ふんわりトップ

夜会巻きに毛流れをプラスすることで、シンプルな中にも華やぎが生まれます。

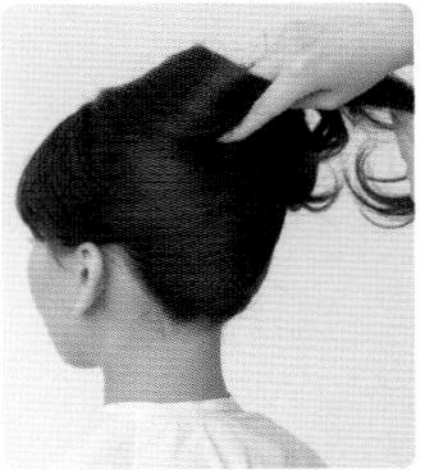

バックを根に夜会巻きにする。トップの毛束を毛流れをつけながらバックに合わせる。

BASE

中心をひとつに結び、三つ編みにして根を作る。バックを2つに分ける。

arrange 10

ふんわり編み込みシルエット

着物でも浴衣でも、トップに高さを出すとバランスよく仕上がります。

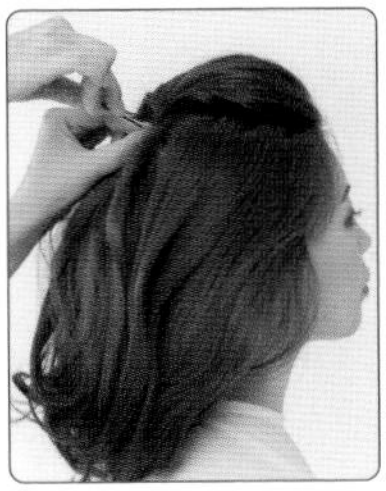

BASE

フロントは正面から見たときに十分高さが出るように、ボリュームを出してポンパドールにする。

編み込みにし、ところどころ毛束を引き出してボリュームを出す。毛先は内側に隠してピンでとめる。

SIDE

BACK

arrange 11

編み込みで表情豊かなシルエットに

軽やかなカールスタイルに、編み込みを加えて可愛らしさアップ。後れ毛を生かしてカジュアルに装います。

BASE

中心をひとつに結んで根を作る。バックは2つに分ける。

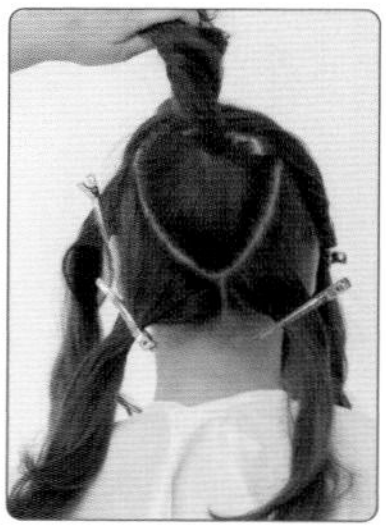

バックは抱き合わせで根に合わせる。トップと右サイドで編み込みを作り、ところどころ毛束を引き出す。左サイドはねじりながらバックに合わせる。アイロンで巻いてカールを整える。

SIDE

BACK

arrange 12

シンプルなのに印象的ポニーテールアレンジ

事前にしっかりと巻いておけば、あとはポニーテールにして毛束を散らすだけ。シンプルだけど印象的なスタイルです。

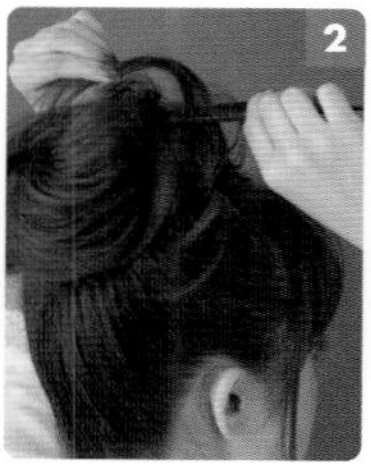

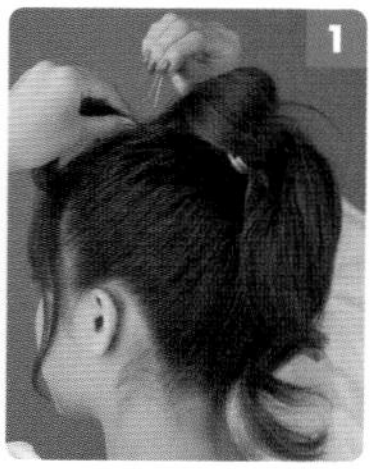

FRONT

SIDE

1 高い位置でポニーテールにしたら逆毛を立てる。少量ずつ毛束を取り、結び目を囲うように放射状にピンでとめていく。
2 さらに逆毛を立てる。バランスを見ながらところどころピンでとめていく。
3 ところどころ毛束を引き出してボリュームを出し、バランスを整えていく。

上＝担当／山﨑伊久江美容室　下＝担当／EMBELLIR

1 指で毛束を広げて髷を作る。左右をピンでとめる。
2 トップを残してフロントの毛束を軽くねじりながら髷の上に沿わせる。毛先はピンでとめる。髷を作った残りの毛先を髷の下からからめて毛先を隠すようにピンでとめる。
3 トップの毛束に逆毛を立てる。面を整えながらバックに運んだら、かんざしを軸にして毛流れを作り、髷に沿わせて毛先はピンでとめる。

BASE
毛先を残してバックを結ぶ。

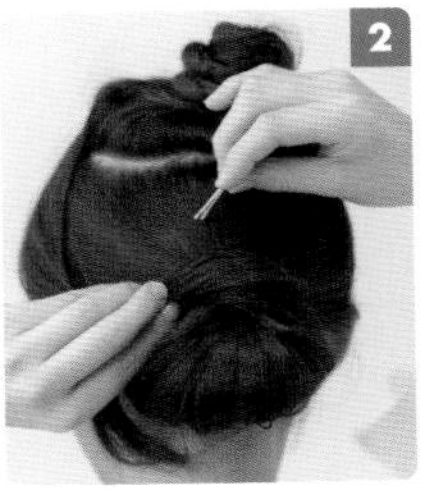

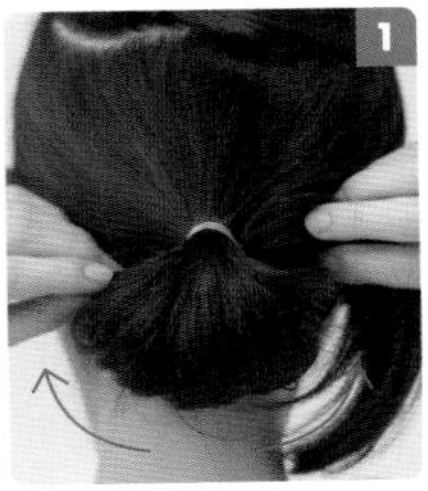

arrange **13**

難しいテクニック不要！なのに本格的なスタイルに

長さがあればどなたでも簡単に作れるシニヨンスタイル。色香漂う後ろ姿を演出できます。

　担当／EMBELLIR

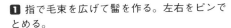

arrange 14

すき毛を使った上級者シニヨン

すき毛を使い、低い位置でたっぷりとしたシニヨンを作ると、大人の色香漂うスタイルに。

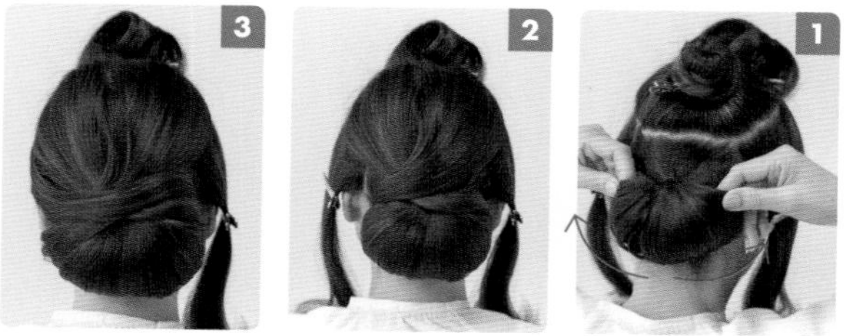

1 バックを中央でポニーテールにする。内側にすき毛を入れて巻き込み、根元まで巻いたら毛束を広げて左右をピンでとめる。
2 トップを2つに分けて、それぞれ毛流れを作りながら髷に沿わせてピンでとめる。
3 サイドもそれぞれ髷に沿わせてピンでとめる。残しておいた前髪はふんわりとバックに合わせてオニピンでとめる。

SIDE

FRONT

arrange 15

毛束を組み合わせてとめるだけ

デコラティブなシルエットが美しい、髪の量とボリュームがある方におすすめのスタイルです。

FRONT

BACK

1 全体を縦に3つに分ける。それぞれ位置を変えてポニーテールにする。
2 上の毛束を下の毛束の結び目にくぐらせる。毛先を外してピンでとめる。
3 真ん中と下の毛束をゆるめのツイストにする。ツイストした毛束を上に上げて、毛先を外してピンでとめる。全体に毛束を散らしながらシルエットを整える。

上下共に担当／EMBELLIR

◉巻頭ページのプロセス

P.3

360度見る角度によって異なる印象が楽しめる遊び心のあるスタイル。女子会などお洒落に装いたい日におすすめです。

BASE

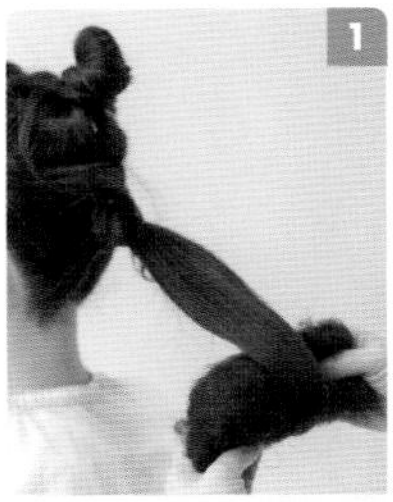

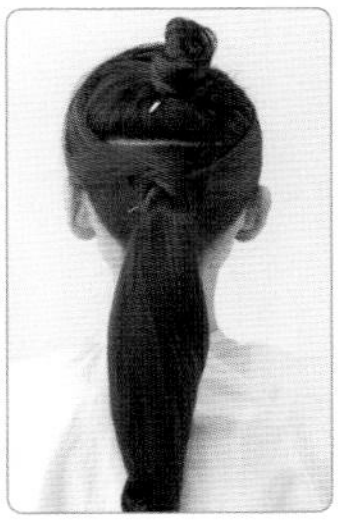

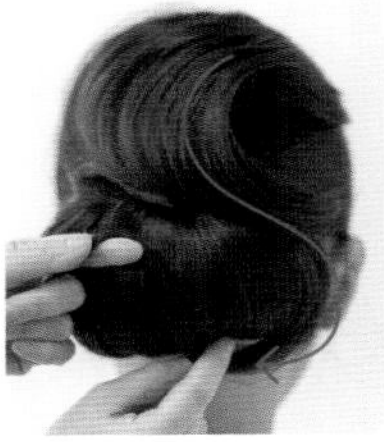

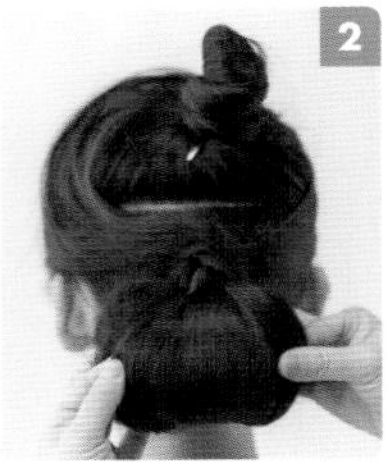

BASE バックをひとつに結んで根を作る。両サイドの毛束は面を整えながらバックに運び、根の根元に巻きつけてピンでとめる。
1 バックの毛束に逆毛を立ててから、内側にすき毛を当てて毛先から根元にかけて巻き込む。
2 面を広げて大きな髷を作る。トップの毛束は毛流れを作りながら髷に沿わせ、毛先は髷の下でとめる。

担当／EMBELLIR

P.2

アシンメトリーなシルエットで個性的に可愛らしくまとめたカールシニヨン。高さを変えればまた違う雰囲気を楽しめます。

BASE

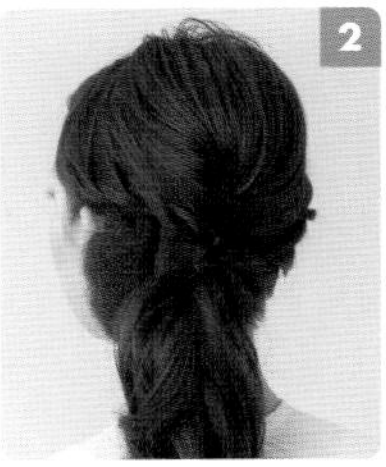

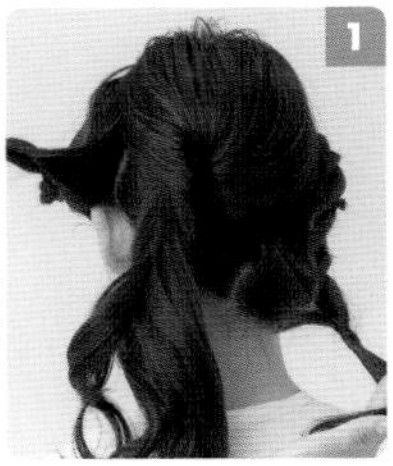

BASE 左サイドと右サイドの毛束をそれぞれ編み込みにする。バックは左側の低い位置でひとつに結ぶ。
1 トップの毛束をところどころ毛束を引き出しながらボリュームを出して、高さを出しながらバックの結び目にねじり合わせる。
2 左右の編み込みをバックに合わせる。バックの毛束の下にすき毛をのせて、毛先でループを作りながら形作る。

担当／山﨑伊久江美容室

P.5

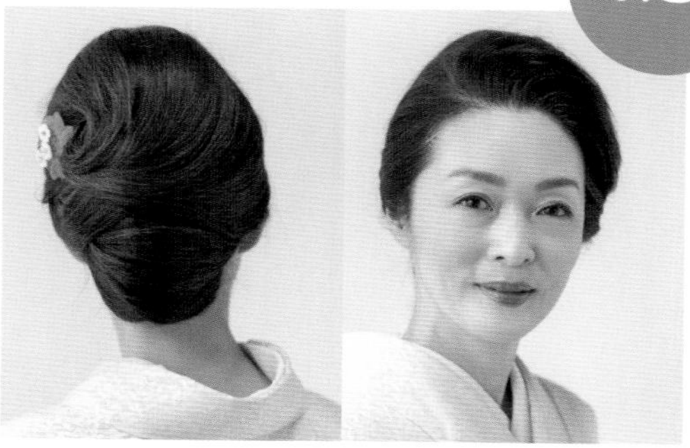

縦長においたすき毛で作る、たっぷりシニヨン。洗練された大人の雰囲気は、同窓会スタイルにおすすめです。

BASE

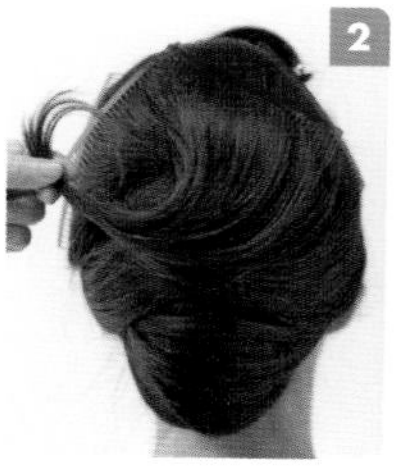

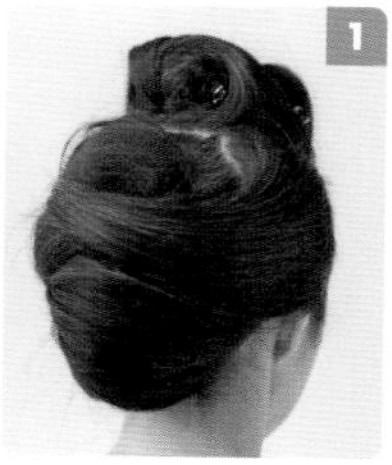

BASE 中央に根を作り、縦長にまとめてすき毛をおく土台を作る。縦長のすき毛を根の上にのせたら、先端を軽く下に引き、逆三角形に形を整える。
1 バックは抱き合わせで根に合わせてまとめる。サイドもバックに合わせてピンでとめる。
2 トップの毛束は毛流れを作りながらバックに合わせる。毛先はふんわりと整えて、ニュアンスをつけてオニピンでとめる。

担当／EMBELLIR

P.4

留袖に合わせたいローウエイトシニヨン。衣紋の抜き加減とのバランスで大きさを決めますが、やや大きめのほうが華やかです。

BASE

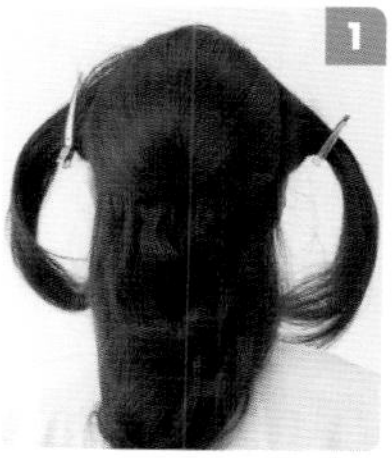

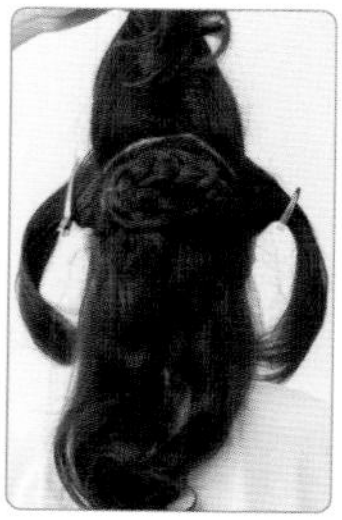

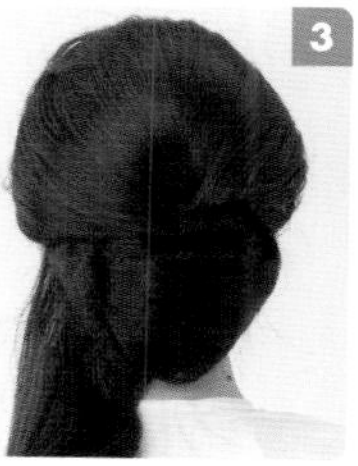

BASE 中心をひとつに結んで三つ編みにしてまとめ、根を作る。
1 トップに逆毛を立てて2つに分け、それぞれ根にまとめる。毛先を隠すようにねじりながらピンでとめる。
2 両サイドも逆毛を立ててバックに合わせる。根の下に逆三角形に形作ったすき毛をのせる。
3 バックを2つに分ける。それぞれすき毛にかぶせて逆三角形のボリュームある髷を作る。

担当／山崎伊久江美容室

P.7

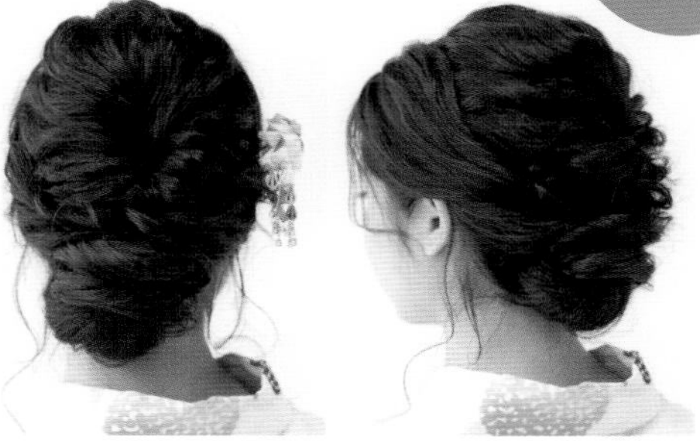

くるりんぱとツイストを組み合わせたニュアンススタイル。後れ毛を生かしてカジュアルな浴衣に合わせたいスタイルです。

1 トップを丸く取り、くるりんぱする。ところどころ毛束を引き出してボリュームを出す。
2 サイドはバックに向けてツイストにして、毛先を結ぶ。
3 両サイドをバックで合わせ、毛先をピンでとめる。
4 バックはきつめにツイストし、シニヨンにまとめて毛先を隠すようにピンでとめる。

担当／EMBELLIR

P.6

ボリューム感を出して、着物にも合うショートスタイルに。ふんわりと仕上げるテクニックを紹介します。

point!

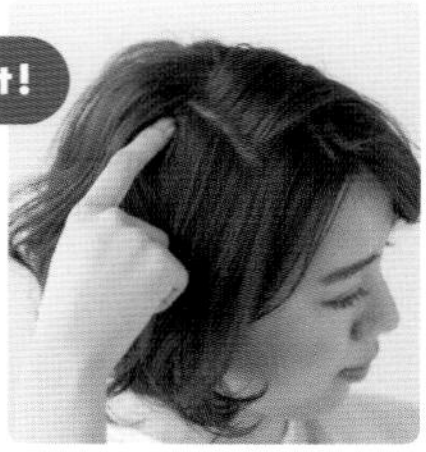

分け目はジグザグに取ることで、ぱっくりと割れることなくふんわりと仕上がります。

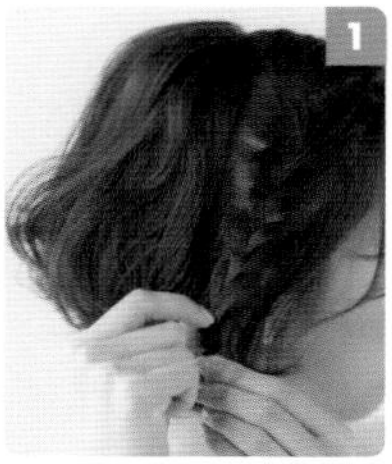

1 フロントトップをサイドパートに分ける。少ない側を編み込み、ところどころ毛束を引き出してボリュームを出す。
2 多めに分けた側も編み込みにし、根元からところどころ毛束を引き出してたっぷりとボリュームを出す。毛先は耳横でピンでとめる。

担当／EMBELLIR

＊本誌に掲載されている写真は、新規撮影分の他に『TPO別きものの髪型』『初めてでも簡単キレイ！ 自分でできる着物の髪型』『着物の日のボブ&ショートアレンジ』『おしゃれな着物の髪型カタログ』に掲載のものも含まれています。上記に関わっていただいたモデルの中に、再使用の連絡の取れない方がいらっしゃいました。本誌をご覧になりましたら、世界文化社（03－3262－5124）まで、ご連絡いただくようお願いいたします。

ブックデザイン／宮巻 麗
撮影／岡田ナツ子（Studio Mug）
ヘア＆メイク／山﨑伊久江美容室　EMBELLIR
着付け・スタイリング／吉田アヤ
校正／株式会社円水社
DTP／株式会社明昌堂
編集／富士本多美
佐藤千寿香　富岡啓子（株式会社世界文化社）

いちばん親切な着物の教科書

着物姿を素敵に！ TPO別スタイル

着物の髪型

発行日／2023年4月20日　初版第1刷発行

発行者／秋山和輝
発　行／株式会社世界文化社
〒102-8187
東京都千代田区九段北4-2-29
03（3262）5124（編集部）
03（3262）5115（販売部）

印刷・製本／株式会社リーブルテック

ISBN978-4-418-23407-3